Nice 영문독해
실력다지기

Nice 영문독해
실력다지기

저 자 FL4U컨텐츠
발행인 고본화
발 행 반석출판사
2025년 7월 20일 초판 1쇄 인쇄
2025년 7월 25일 초판 1쇄 발행
홈페이지 www.bansok.co.kr
이메일 bansok@bansok.co.kr
블로그 blog.naver.com/bansokbooks

07547 서울시 강서구 양천로 583. B동 1007호
(서울시 강서구 염창동 240-21번지 우림블루나인 비즈니스센터 B동 1007호)
대표전화 02) 2093-3399 **팩 스** 02) 2093-3393
출 판 부 02) 2093-3395 **영업부** 02) 2093-3396
등록번호 제315-2008-000033호

Copyright ⓒ FL4U컨텐츠

ISBN 978-89-7172-111-7 (13740)

- 교재 관련 문의: bansok@bansok.co.kr을 이용해 주시기 바랍니다.
- 이 책에 게재된 내용의 일부 또는 전체를 무단으로 복제 및 발췌하는 것을 금합니다.
- 파본 및 잘못된 제품은 구입처에서 교환해 드립니다.

영문독해 시리즈 2

Nice 영문독해
실력다지기

FL4U컨텐츠 저

반석출판사

우리 속담에 "눈은 구백 냥"이라는 말이 있습니다. 영어 지문의 빠르고 정확한 정보 해독이야말로 인터넷 시대의 독자들에게는 강력한 힘의 원천(源泉)입니다. 많은 양의 영문 텍스트를 한 번에 읽고 파악할 수 있다면 우리는 가장 믿음직한 영어 자격증을 따둔 셈입니다.

**A drop hollows a stone.
낙숫물이 댓돌을 뚫는다.**

이 말은 지극히 평범한 진리입니다. 우리는 전혀 불가능한 목표나 도전을 가리켜 "계란으로 바위치기"라는 표현을 사용합니다. 그러나 물방울이 모여 바위를 뚫는 섬세한, 그러나 위력적인 원리를 헤아려 보아야 합니다. 양적인 축적이 질적인 변화를 가져옵니다. 독해 실력을 향상시키는 비결은 아주 단순합니다. 많이 읽는 것보다 더 좋은 것은 없습니다.

우리가 영어 공부를 해야 하는 이유, 그리고 사회가 영어를 잘 하는 사람을 우대하는 이유는 우선 국제화 시대의 커뮤니케이션 수단으로써 영어의 실용성이 먼저겠지만, 그 이면을 보면 영어 공부에 반드시 수반되는 엄청난 시간 투자와 끈기, 열정, 집중력 등을 높게 평가해 주기 때문입니다.

이 책은 영문 독해의 전략적인 비법을 수험생들에게 제공합니다. Reading Skill과 Reading Material에서 영문 독해의 기본구조를 바로 잡고 기초 실력을 꼼꼼하게 다지고, 실전문제를 통해 자신감을 배양할 수 있습니다. 전체적으로 학습자의 부담을 덜어주기 위해서 다양한 주제의 중장문 독해 지문을 제공하고 있으며 이들 지문을 따라 읽어가면 독해 실력이 눈에 띄게 향상되었음을 느낄 수 있을 것입니다.

이 책은 TOEFL, TOEIC, TEPS, GRE, 수능 영어, 공무원 시험 등 각종 시험을 준비하는 수험생들, 인터넷 사용자, 영자신문이나 영문잡지를 읽어야 하는 분들에게 더없이 든든한 동반자가 되리라고 확신합니다.

문제풀이 10원칙

- **원칙 1** 질문 사항을 정확히 이해하라.
- **원칙 2** 문제의 주된 요지에 귀를 기울여라.
- **원칙 3** 출제자의 출제 의도를 파악하라.
- **원칙 4** 함정은 반드시 존재한다고 전제하라.
- **원칙 5** 유추를 하되 지나친 비약은 삼가라.
- **원칙 6** 문제를 풀기 전에 지문의 내용을 훑어보자.
- **원칙 7** 적절한 시간 배분을 염두에 두자.
- **원칙 8** 최적의 해답을 구하되 확인하는 습관을 기르자.
- **원칙 9** 영문의 전개 상황이나 내용 파악에 주력하라.
- **원칙 10** 어떤 문제든 절대로 포기하지 마라.

문장 파악의 6원칙

- **원칙 1** 주어와 동사를 묶어서 본다.
- **원칙 2** 조동사와 본동사를 합쳐서 파악한다.
- **원칙 3** 숙어와 관용구를 찾아본다.
- **원칙 4** be동사가 나오면 보어를 파악한다.
- **원칙 5** 형용사구(절)나 부사구(절) 등 수식어를 묶어본다.
- **원칙 6** 목적어는 타동사와 나누어 보지만 대명사로 된 목적어는 동사와 묶어 본다.

차례

영문 독해 기초 따라잡기

영문 독해란 무엇인가? ··· 010
독해력 향상을 위한 접근법 ································· 011
영문 독해를 위해 알아야 할 용어 ······················· 012
영문 단락의 구성 ··· 019

영문 독해 핵심구문 따라잡기

Lesson 01	주어 ··· 022
Lesson 02	목적어 ····································· 033
Lesson 03	보어 ··· 044
Lesson 04	수식어구 ································· 055
Lesson 05	관계사 구문 ··························· 065
Lesson 06	시간·장소 구문 ······················ 075
Lesson 07	이유·원인 구문 ······················ 085
Lesson 08	목적·결과·양태 구문 ············· 094
Lesson 09	조건·가정 구문 ······················ 103
Lesson 10	양보 표현 ································ 113
Lesson 11	정도·대조 및 독립 구문 ········ 123
Lesson 12	비교 구문 I ····························· 131
Lesson 13	비교 구문 II ··························· 140
Lesson 14	부정 구문 ································ 149
Lesson 15	도치·강조 구문 ······················ 159
Lesson 16	생략·삽입·공통·동격 구문 ···· 168

영문 독해 실전 따라잡기

영문 독해 접근법	………………………………………………	180
Lesson 01	단문 독해 무조건 따라잡기 ……………	182
Lesson 02	중·장문 독해 무조건 따라잡기 ………	200
Lesson 03	독해 실전문제 따라잡기 ………………	235

Part I 영문 독해의 기본 개념과 독해력을 향상시키는 방법, 기본적으로 알아둬야 할 독해 용어 등을 정리했다. 또한 영문 단락은 어떻게 구성되었는지에 대해서도 간략하게 살펴보자.

Part II 영어는 어순이 우리말과 다르기 때문에 상당량의 어휘를 습득해도 해석이 안 되는 경우가 있다. 이 문제를 해결하기 위해 단어와 구, 단어와 절의 관계, 주어, 동사, 목적어, 보어, 수식어 등을 파악하는 연습이 필요하다.

Part III 독해 문제는 영어 실력을 측정하는 중요한 수단으로서 어휘력, 독해력, 문법력이 요구된다. 이에 대한 대응책으로 영문을 많이 읽고 폭넓은 정보 습득에 힘을 쏟아야 한다. 또한 한정된 시간과의 싸움이므로 출제자의 의도를 빨리 파악해야 한다. 여기서는 다양한 종류의 중장문 독해지문과 독해실전문제를 제공한다.

Part I

영문 독해 기초 따라잡기

영문 독해의 기본 개념과 독해력을 향상시키는 방법, 기본적으로 알아둬야 할 독해 용어 등을 정리했다. 또한 영문 단락은 어떻게 구성되었는지에 대해서도 간략하게 살펴보자.

1 영문 독해란 무엇인가?

언어에는 4가지 기능인 말하기(speaking), 듣기(listening), 읽기(reading), 쓰기(writing) 따위로 분류되는데, 여기서 표현 기능(productive skills)으로는 말하기와 쓰기가 있으며, 이해 기능(receptive skills)으로는 듣기와 읽기로 구분할 수 있을 것이다.

흔히 영문 독해(讀解; reading comprehension)라 하면 영어로 된 문장을 읽고 이해하는 것을 의미하지만 글의 전체적인 맥락을 정확하게 파악하는 것이 무엇보다도 중요하다. 독해는 단순히 어휘(vocabulary) 실력과 문법(grammar) 실력을 통해서 길러지지만 그것만으로는 불충분하다.

여러분도 아시다시피 영문은 우리와 관련된 것일 수도 있지만 대부분 관련 없는 것들이므로 그들의 사회·문화 전반에 걸친 다양한 지식이 뒷받침되어야 하고, 영문 독해의 접근 요령을 익히지 않는다면 생소한 글을 이해하기란 결코 쉽지 않을 것이다.

1 영문과 독해력

영문(writing)을 쓸 때에는 말(speaking)을 할 때보다 어려운 어휘를 골라서 사용한다. 문법 구조적인 측면에서는 말이 글보다 더 복잡한 경우가 많지만, 사용된 어휘에서는 글이 말을 압도하는 것이 일반적이다. 왜냐하면 글은 말이되 다듬은 말이기 때문이다.

독해력이란 글을 읽고 거기에 담긴 뜻을 이해하는 능력이다. 따라서 독해력 향상을 위한 기본적인 자세는 첫째, 기본적인 문법 지식 이외에 어휘력을 늘려야 한다. 둘째, 영문을 쓸 때 사용되는 기본적 원리를 알아야 한다. 셋째, 다양한 주제에 관한 영문을 많이 읽고 그리고 특히 수험생의 경우에는 글의 중심 사상을 찾아내는 연습을 많이 해보는 것이 필요하다.

2 영문의 기본적인 단위

영문의 가장 기본적인 단위는 단어(word)와 어구(phrase)이다. 이러한 단위들을 짜 맞추어서 문장(sentence)을 만들고, 여러 개의 문장을 조리 있게 연결하여 하나의 단락(paragraph)을 만들게 된다. 영어 학습의 기본은 어휘력의 확충에 있는 만큼 기본에 충실하도록 하자.

3 해석(interpretation)과 독해(reading comprehension)의 차이 *번역

지금까지 우리는 영어 단어들로 빼곡하게 들어찬 영문을 우리말로 옮기는 것이 영문 독해(reading comprehension)라고 여기는 경향이 있었을 것이다. 그러나 이것은 독해(讀解)가 아니라 해석(解釋)이다. 해석은 독해를 위한 기본적 학습의 한 방편일 뿐, 독해 그 자체가 될 수는 없는 것이다. 긴 영문을 모두 해석해 놓고도 그 단락의 의미를 알 수 없다면 정상적으로 공부했다고 할 수 없다. 독해는 전체적인 영문의 의미를 파악하는 방법이지, 영문을 번역하는 방법이 아니기 때문이다.

❹ 영문 독해의 기본적인 단위

영문 독해의 기본 단위는 주어(S)와 동사(V)가 존재하는 독립된 하나의 문장으로 볼 수 있겠으나 시험을 염두에 둘 경우에는 하나의 단락(paragraph)으로 보는 것이 좋다. 하나의 단락은 여러 개의 문장들로 구성되는 것이 보통이지만 단 하나의 문장으로 구성될 수도 있고 경우에 따라서는 한두 개의 단어로 구성될 수도 있다. 그러나 시험을 위한 독해에서는 최소한 2~3개 이상의 문장으로 이루어진 단락을 기본 단위로 생각하는 것이 좋다.

특정한 주제를 중심으로 하나의 주제문(main sentence)과 여러 개의 보조 단락(supporting sentence)이 구성되어 하나의 문장을 이루게 된다.

2 독해력 향상을 위한 접근법

먼저 독해력의 향상은 많은 영문을 접하는 것이 우선이다. 여기에는 어휘력과 문법이 전제되어야만 가능하다. 영문 독해는 영작(writing)과 서로 매우 밀접한 관련성을 지니고 있는데 공통적으로 영문구조를 제대로 파악하지 못한다면 접근이 불가능하다. 우리가 지식을 받아들이는 수단으로써 영문 독해(reading comprehension)가 필요하고, 또한 상대방에게 의사전달을 함에 있어서 표현 기능(productive skills)인 영작(writing)을 통해서 의사소통을 할 수 있기 때문이다.

❶ 문법(grammar)은 독해의 기본이다.

영문 독해를 위해서 기본적으로 갖추어야 할 가장 중요한 사항들 중의 하나가 문법 실력이다. 그러나 문법이 기본 사항이라고 해서 예전처럼 두꺼운 문법책을 달달 외는 것이 좋은 학습 방법이라고 할 수는 없다. 정말 필요한 것들은 반드시 익혀야 하지만, 여러분 주변의 많은 문법책들은 지나치게 불필요한 지식까지 담고 있다. 독해를 잘 하기 위해 필요한 문법 수준은 중학교 과정에서 배운 정도면 충분하다. 여러분이 중3 수준의 문법 지식을 확실히 갖추고 있다면 그것으로 족하다.

❷ 어휘력(vocabulary)이 독해를 좌우한다.

영문 독해를 잘 하기 위해서는 무엇보다도 단어 및 숙어의 습득에 노력해야 한다. 어휘수가 부족한 사람에게 직독직해, 직청직해, speed reading 등을 강조해 봐야 실현 불가능한 공염불이 될 것이 뻔하기 때문이다.

가능한 한 많은 어휘를 쓰임새나 활용 차원에서 정확하게 익힐 수 있도록 해야 한다. 특히, 동의어와 반의어는 익혀두면 영문 독해와 영작에 많은 도움을 줄 것이다.

어휘 수를 늘리는 방법에는 왕도(王道)가 없다. 그러나 다음 사항들을 꾸준히 실천한다면 최선의 방법에는 접근할 수 있다. 딱 두 가지만 기억하도록 하자.

첫째, 영어를 한국어의 음운 체계로 구속하지 말고 영문 그대로 이해하고 받아들이는 습관을 길러야 한다.

둘째, 영어 공부는 지나치게 시험에 얽매이지 말고 우리가 밥을 먹는 것처럼 매일매일 학습하여 축적하는 것이 실력을 향상하는 지름길임을 잊지 말자!

❸ 가지(branch)를 보지 말고 줄기(trunk)를 보자.

영어를 우리말로 옮기고, 영문 속에 들어있는 자질구레한 정보(information)나 자료를 기억하는 것이 곧 독해력 증진 방법이라는 착각에 빠지지 말자. 이런 사항들은 가지에 불과하다. 다음 장에서도 자세히 언급하겠지만, 독해력이란, 「주어 + 동사 + 목적어(보어)」로 구성된 문장들의 뼈대를 파악하면서 글의 중심 사상(main idea)을 파악하는 능력이다. 이를 위해서 각 단락(paragraph)의 화제(topic)를 찾고, 화제문(topic sentence)을 찾는 연습을 꾸준히 해나가면, 여러분은 영문 독해의 튼튼한 줄기를 찾게 될 것이다.

❹ 우리말을 잘 해야 영어도 잘 한다.

영어 따로 우리말 따로 학습 방법이 서로 다르다고 생각하는 사람들이 많다. 그러나 사실은 그렇지 않다. 영어를 깊이 공부할수록 우리말과 글을 잘 알아야겠다는 것을 더 절실히 느낄 것이다. 영어든 우리말이든 모든 언어들(languages)은 발음, 어순 등의 구조적 차이는 있을지라도, 인간의 사고(thought)와 논리(logic)에서 비롯된 것이기 때문이다. 더구나 우리가 영어를 모국어로 배우는 것이 아니라 외국어로 배우는 것이기 때문에, 영어 학습을 위한 바탕은 우리말 훈련이 잘 되어 있는지 아닌지에 따라 달라질 수 있다.

③ 영문 독해를 위해 알아야 할 용어

다음은 영문구문이나 영문 독해를 접근함에 있어서 꼭 알아두어야 할 용어의 개념이나 정의를 올바르게 이해함으로써 문제풀이의 단서를 얻기 위하여 제시하는 바이다. 또한 용어의 차이를 분명하게 규정지음으로써 혼동을 미연에 방지하기 위함이다.

❶ 영문 독해 관련 용어

① 단락(Paragraph)

단락은 하나의 화제(topic)나 사상(idea)과 관련하여 서로 밀접하게 연결된 여러 개의 보조문으로 구성된다. 일반적으로 한 단락에는 하나의 화제와 하나의 중심 사상이 존재한다.

독자들이 알아두어야 할 사항은 글은 특정한 주제(central idea)를 중심으로 서로 관련되어 있는 여러 개의 문장(단락)들로 이루어져 있다는 점을 기억해야만 한다.

- A paragraph is a group of closely related sentences dealing with a single topic or idea.

> **보조문을 통하여 단락을 전개하는 방법**
> 1) 화제와 관련된 사실(facts)을 나열한다.
> 2) 각종 통계자료(statistics)를 제시한다.
> 3) 구체적인 보기(specific examples)를 든다.
> 4) 사건(incidents)이나 일화(anecdotes)를 소개한다.
> 5) 비교(comparisons)나 대조(contrasts) 방법을 활용한다.
> 6) 원인(cause)과 결과(effect)를 나타낸다.

② 화제(Topic) *논제

영문을 쓰거나 영어로 말을 하는 사람이 표현하고자 하는 대상을 화제라 한다. 하나의 단락에는 하나의 화제가 존재하며, 화제가 바뀌면 단락도 바뀐다.
- A topic is a subject for conversation, talk, or writing.
- A topic is a subdivision of the theme.

cf.
theme: 예술 작품 등의 밑바탕을 이루는 작자의 중심적 사상·주장
topic: 어느 그룹의 사람들에게 공통된 화제
subject: 회화·토론·연구·예술 작품 등이 취급하는 대상·제재

③ 화제문(Topic Sentence)

어떤 단락의 중심 사상(main idea)을 제공하는 문장을 화제문이라 한다. 대체로 화제문은 화제(topic)가 무엇인가를 밝혀주고, 단락(paragraph)의 전개 방향을 예상할 수 있게 해 준다.
- A topic sentence states the main idea of the paragraph.
- A topic sentence states the most important idea of the paragraph.

④ 주제(Subject) *타이틀(Title)

주로 글의 문체에 따라 다르지만 거의 문장의 앞머리에 핵심어(key word)를 제시하려는 경향이 강하다. 여기에서 subject는 주제, 제재라는 의미로 사용되었다. 화제를 다른 말로 main subject라고도 하는데 이 때도 역시 '주요 제재'라고 해석해야 한다.
- The main topic of the passage.
- The subject of the passage.

⑤ **중심 사상(Main Idea)** *요지
작가가 글 속에서 전달하려는 생각(thesis)을 의미하는데 주로 의도(main point), 목적(main purpose) 따위로 표현된다.
- The passage is primarily dealt with.
- The passage is primarily concerned with.

⑥ **보조문(Detail Sentence; Supporting Sentence)** *진술문
화제문을 세부적으로 보충하여 설명해 줌으로써 중심 사상을 뒷받침해 주는 구체적인 진술문들이 이에 해당된다.
가령 for instance, for example, in addition, besides, in fact, in practice 따위가 들어간 문장은 거의 보조문의 성격이 강하다. 세부적이거나 구체적인 내용은 주제문을 위한 부수적인 보조문일 가능성이 높다.

⑦ **통일성(Unity)**
하나의 단락을 구성하는 여러 문장들이 가지는 상호 밀접한 관련성을 의미하는데 글의 전개 흐름 상의 일관된 성격을 지녀야 한다. 만약 화제를 벗어나거나 전혀 다른 내용이 삽입되면 글의 통일성을 깨뜨리는 것이므로 당연히 제거되어야만 한다.

❷ 영문구조와 관련된 용어

① **병치법(Parallelism)** *병치
병치법(倂置法)이란 서로 비슷한 관계에 놓여 있는 둘 또는 그 이상의 문장 요소(단어, 구, 절)의 문법상의 균형을 의미하는데 비슷한 품사가 같은 방법으로 표현되는 현상이다.
특히 이러한 용법은 비교 구문에서 두드러지며, 일정한 단어, 구, 절 따위를 나열할 때에는 등위 접속사나 상관 접속사에 의해서 연결된다.

a. 등위 접속사에 의한 병치법
명사, 동사, 형용사, 부사, 부정사, 동명사, 분사 따위를 나열하거나 열거할 경우에는 등위 접속사(and)를 사용하여 병치해야 한다.

He was intelligent, honest and he had courage. (X)
⇒ He was intelligent, honest, and courageous. -형용사-
　(그는 지적이고, 정직하고, 용감했다.)

b. 상관 접속사에 의한 병치법
서로 관련성을 가지고 있는 상관 접속사를 활용할 때에도 동일한 문법적 성질을 지닌 것으로 병치하여야 한다.

He is not only charming but also a good athlete. (X)
⇒ He is not only charming but also athletic. -형용사-
 (그는 매력적일 뿐만 아니라 운동도 잘 한다.)

c. 비교 구문에서의 병치법
비교 구문에서도 상호 동일한 문법적 성질을 지닌 것으로 병치해야 한다.

The climate of Seoul is milder than Beijing. (X)
⇒ The climate of Seoul is milder than that of Beijing.
 (서울의 기후는 베이징의 기후보다 더 온화하다.)

② **현수 수식(Dangling Modifier)**
현수 수식(懸殊修飾)이란 준동사구(분사구, 부정사구, 동명사구)나 생략절에서 주어가 생략됨으로써 주절의 주어와 논리상 일치하지 못하여 그 문장의 내용을 파악함에 있어서 혼란을 초래하는 현상을 의미하는데 이러한 준동사구나 생략절을 현수 구문(dangling modifier)이라고 한다.
영문에서는 흔히 의미상의 주어가 주절의 주어와 일치할 경우에만 주어가 생략 가능하므로 주어가 일치하지 않을 때 준동사구나 생략절에 주어를 명시하지 않으면 안 된다.

a. 준동사구
• 동명사구
In waiting for Ted, many students were seen. (X)
⇒ In waiting for Ted, he saw many students.
 (Ted를 기다릴 때 그는 많은 학생들을 보았다.)
• 부정사구
To run for public office, certain requirements must be met. (X)
⇒ To run for public office, candidates must be meet certain requirements.
 (공직에 출마하려면 후보자들은 일정한 자격 요건을 갖추어야만 한다.)
• 분사구
Being diligent, the teacher praised the boy. (X)

⇒ Being diligent, the boy was praised by the teacher.
　　(부지런했기 때문에 그 소년은 선생님으로부터 칭찬을 받았다.)

b. 생략절
When only a small boy, my father took me to Busan. (X)
⇒ When I was only a small boy, my father took me to Busan.
　　(내가 어렸을 적에 아버지는 나를 부산으로 데리고 갔다.)

③ **조각난 문장(Sentence Fragment)**
조각난 문장(sentence fragment)이라 함은 완전한 문장이 성립되기 위해서는 첫째, 최소한의 기본 요건은 주어(subject)와 동사(verb)가 있어야 하며 둘째, 내용상으로는 그 구문 자체로써 논리적으로 의미(sense)가 통해야 하는데 이 두 가지 요건을 충족하지 못하면 결국 조각난 문장이 된다. 물론 글의 강조 효과나 경제성을 고려하여 주어나 동사가 생략되는 경우가 종종 있지만 그렇다고 하더라도 위에서 제시한 두 가지 요건을 충족하지 않는다면 완전한 문장이 될 수 없다.

After a hard day of work. He often went to the park. (X)
⇒ After a hard day of work, he often went to the park.
　　(고된 하루의 일과가 끝나면 그는 그 공원에 가곤 했다.)

An analytical index group many individual subjects under major subject headings.
⇒ An analytical index groups many individual subjects under major subject headings.
　　(체계적인 색인은 주 제목 아래에 많은 소제목들을 분류시켜 놓는다.)

④ **종속의 법칙(Subordination)**
종속의 법칙(subordination)의 형식적인 측면에서는 종위 접속사, 관계대명사, 의문대명사 따위로 연결되는 종속절은 반드시 주절에 종속되어질 것이 요구된다. 내용적인 측면에서는 주절의 내용만으로 부족할 때 종속절을 통하여 보충적인 내용을 추가할 수 있으며 이 또한 주절의 내용과 동일한 맥락에서 서술되어야 한다.
주절이든 종속절이든 문장의 성립 요건으로 주어와 술어가 갖추어질 것이 요구되는데 종속의 법칙은 문장의 구조상, 표현상 나타나는 문제로써 어떤 하나의 절(clause)이 문장 중에서 명사, 형용사, 부사 등의 구실(역할)을 하는 복문(complex sentence)에서 나타나는 현상이다.

a. 종위 접속사에 의해 유도되는 표현
Would you mind/if I smoke here?
(여기서 담배를 피워도 됩니까?)

I will go there/if it is fine tomorrow.
(내일 날씨가 맑으면 거기에 가겠다.)

b. 관계사에 의해 유도되는 표현
I don't know/whether he will come or not.
(그가 올지 안 올지는 잘 모르겠다.)

I believe/that you'll get on in the world.
(나는 당신이 사회에 잘 적응하리라 믿는다.)

We think/that she is honest.
(우리는 그녀가 정직하다고 생각한다.)

Where there is a will, there is a way.
(뜻이 있는 곳에 길이 있다.)

⑤ 콤마의 남용(Comma Splice)
콤마의 남용(comma splice) 혹은 오용(comma fault)이라 함은 독립된 두 개의 절이 접속사 없이 콤마(comma)로만 연결된 경우를 의미하는데 이럴 때 상관 접속사, 세미콜론(semi-colon), 마침표(period) 따위를 사용하여 보충해 줌으로써 자연스런 문맥을 형성할 수 있다.

My car began to sputter, it was running out of gas. (X)
(내 차는 연료가 떨어졌기 때문에 갑자기 요란한 소리를 내기 시작했다.)
⇒ My car began to sputter because it was running out of gas.
⇒ My car began to sputter; it was running out of gas.
⇒ My car, running out of gas, began to sputter.

The witness was unwilling to testify, he was afraid of the accused man. (X)
(그 증인은 피고가 두려웠기 때문에 증언하기를 꺼려했다.)

⇒ The witness was unwilling to testify because he was afraid of the accused man.

⇒ The witness was unwilling to testify; he was afraid of the accused man.

⇒ The witness was unwilling to testify. He was afraid of the accused man.

*융합문(confused sentence): 두개의 절이 구두점이나 접속사 없이 연결되므로 의미상의 혼란을 초래하는 문장을 의미한다.

I was too tired to study I went home early. (X)

⇒ I was too tired to study, and I went home early.

⑥ 명사 중심의 구문

우리는 말을 할 때 습관적으로 동사 중심으로 서술하려는 경향이 있는데 미국인들은 보다 세련되고, 유창한 영어 표현을 위해서 명사 중심으로 표현하려는 언어적인 습관을 지니고 있다. 즉, 영문의 본질적인 요소인 명사 위주로 표현하면 상대방에게 보다 구체적이고, 강한 인상을 줄 뿐만 아니라 표현력을 풍부하게 할 수 있다는 것이다.

가령, 우리식으로 "나는 큰 나무 아래에서 쉬었다."를 표현하면 으레 I rested under a big tree.라고 표현하기 쉬우나 실제로 영어다운 표현으로는 I took a rest under a big tree. 라고 하여 "잠시 동안 쉬었다."라는 어감을 풍기게 된다. 이처럼 '쉬다(take a rest)'와 관련된 풍부한 표현력을 살펴보면 다음과 같다.

*take a rest의 표현

take a short rest(잠시 쉬다)

take a long rest(오래 쉬다)

take a good night's rest(밤새 충분히 휴식을 취하다)

take a well-earned rest(일한 뒤에 충분한 휴식을 취하다)

4 영문 단락의 구성

구성적인 측면에서 하나의 단락(paragraph)은 하나의 화제(topic)와 연관되어 있는 여러 개의 보조문장들(supporting sentences)로 이루어져 있으며, 내용적인 측면에서는 화제와 관련성이 있는 통일성(unity)을 갖춘 문장으로 이루어져 있다.

화제는 거의 대부분 하나의 단락에서 진술하려는 무엇(something)과 누구(someone)를 대상으로 하는 경우가 대부분인데 화제는 중심 사상(main idea; 글에 제시된 견해나 주장)과 구별되어야만 한다. 따라서 화제나 중심 사상은 첫 문장과 마지막 문장에 제시되는 경우가 많다.

보조문을 서술하여 단락을 전개하는 방법으로는 다음과 같은 유형들이 주로 사용된다.

> 1) 화제와 관련된 사실(facts)을 열거한다.
> 2) 각종 통계자료(statistics)를 제시한다.
> 3) 구체적인 보기(specifics)를 예시한다.
> 4) 사건(incident)이나 일화(anecdote)를 소개한다.
> 5) 비교(comparisons) 또는 대조(contrasts)를 사용한다.
> 6) 원인(cause)과 결과(effect)를 분석한다.

일반적인 단락의 구성 모형도

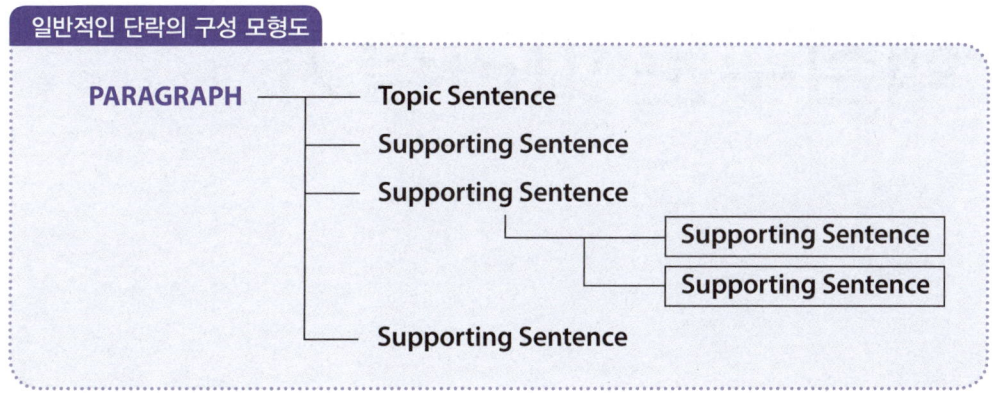

Part II

영문 독해 핵심구문 따라잡기

영어는 어순이 우리말과 판이하여 우리가 이해하는데 어려움을 준다. 따라서 상당량의 어휘를 습득하고 나서도 문장 해석이 안 되는 경우 단어와 구, 단어와 절의 관계와 주어, 동사, 목적어, 보어, 수식어를 정확히 파악하는 연습이 필요하다.

주어의 역할은 구체적인 행위나 동작의 주체가 되기도 하며, 단지 아무런 의미 없이 문법적 기능만을 수행하기도 한다. 여기서는 주어로 사용될 수 있는 요소들을 살펴봄으로써 영문 독해에서 먼저 문장에서 주어의 구성요소와 범위를 파악할 수 있는 능력을 기를 수 있다.

주어(Subject)

빈출핵심구문 맛보기

01 **Trying to persuade him** will not do any good.
(그를 설득하려고 애써 봐야 소용없을 것이다.) *동명사[구]가 주어

02 **That Harold is a man of character** is known to all.
(Harold가 인격자라는 사실은 모두에게 알려져 있다.) *that절이 주어

03 **The thought that we shall help** give him courage.
(우리가 도와줄 거라는 생각이 그에게 용기를 준다.) *the + 명사 + that 동격절이 주어

04 **The intention** is that you shall be appointed to the post.
(그 의도는 당신을 그 자리에 임명시키는 것이다.) *명사 + be + that 보어절의 구문

05 **It** is easy **to bear** the misfortunes of others.
(다른 사람의 불행을 견디는 것은 쉽다.) *It은 형식주어, to부정사가 진주어

06 **It** took me three days **to read** through this book.
(이 책을 다 읽는데 3일이 걸렸다.) *It takes~시간 + to부정사 관용 구문

07 **It** is about five minutes' walk from here.
(여기서 약 5분 정도 거리에 있다.) *It은 거리를 나타내는 비인칭 주어

08 **The accident** deprived them of their only daughter.
(사고 때문에 그들은 외동딸을 잃었다.) *무생물 주어 구문

Reading Skill 001

주어로서의 준동사 *부정사/동명사/분사

1 부정사[구]가 주어
Early to bed and early to rise makes a man healthy, wealthy, and wise.
일찍 자고 일찍 일어나는 사람은 건강하고, 부유하고 현명해진다.

2 〈의문사 + 부정사〉가 주어
What to say is as important as how to say it.
무엇을 말할 것인지는 어떻게 이야기할 것인지 만큼 중요하다.

3 〈whether + 부정사〉가 주어
Whether to go on or to retreat is all up to you.
계속 전진하느냐 아니면 후퇴하느냐는 전적으로 너에게 달려 있다.

4 동명사[구]가 주어
Reading aloud is a good habit in language study.
큰소리로 읽는 것은 언어 학습에서 좋은 습관이다.

5 〈the + 분사[복수 보통명사, 단수 추상명사, 단수 보통명사 역할]〉가 주어
The wounded were left in the field.
부상자들이 들판에 내버려져 있었다.
*the wounded(부상자들)

Reading Skill 002

주어로서의 명사절

1 what 관계대명사절이 주어
What I can do for you is to leave you alone for a while.
내가 당신을 위해 할 수 있는 일은 잠시 동안 당신을 홀로 내버려두는 것이다.
*가게에서 What can I do for you?(무엇을 도와 드릴까요?)라는 표현은 May I help you?와 동일한 표현으로 사용된다.

2 의문사가 있는 간접의문문절이 주어
Which of these proposals is truly original is not an easy decision to make.
이 제안들 중 어느 것이 진짜 원본인지 결정하기는 쉽지 않다.

3 의문사가 없는 간접의문문절이 주어
Whether he is rich or poor makes no difference to me.
그가 부유하거나 가난하거나 나에게는 전혀 중요하지 않다.
*make no difference 별로 중요하지 않다, 차이가 없다

4 간접 선택의문문절이 주어
Whether or not you share my feelings toward my parents is quite important for both of us.
당신이 나의 부모님에 대한 나의 감정을 함께 나눌 수 있느냐의 여부는 우리 둘에게 매우 중요하다.

5 의문사가 있는 간접의문문절이 주어
Where and how he passed away remains a mystery.
그가 어디서, 어떻게 죽었는지는 미스터리로 남아있다.
*pass away 사라지다, 죽다, 지나치다

Reading Skill 003

the + 명사 + that절(동격절) *형식의 주어

1 the fact와 that절[명사절]이 동격
The fact that he is honest is known to everybody.
그가 정직하다는 사실은 모두에게 알려져 있다.

2 the hope와 that절[명사절]이 동격
The hope that he may recover is very faint.
그가 회복될 가망은 거의 희박하다.

3 the thought와 분리된 that절[명사절]이 동격
The thought occurred to me **that I might be mistaken.**
내가 잘못 생각하고 있을지도 모른다는 생각이 갑자기 떠올랐다.

Reading Skill 004

The + 명사 + be + that절 *형식의 구문

1 **the trouble과 that절이 주어와 보어 관계인데 the trouble을 부사구처럼 해석**
   The trouble is that he is dishonest.
   곤란하게도 그는 정직하지 못하다.

2 **the fact is that = in fact처럼 해석**
   The fact is that I am tired out.
   사실은 나는 완전히 지쳤다.

3 **the truth is that = in truth처럼 해석**
   The truth is that she is not my mother.
   사실 그녀는 나의 어머니가 아니다.

4 **that절 대신에 간접의문문절이 올 수 있다**
   The question is whether they will agree or not.
   문제는 그들이 동의할 것인가 여부이다.

Reading Skill 005

형식주어 it, there

1 **It[형식주어]~for[의미상 주어] to부정사[진주어]~**
   It is necessary **for** you **to** start at once.
   당신이 곧 출발할 필요가 있다.

2 **It[형식주어]~성품 평가 형용사 + of[의미상 주어] + to부정사[진주어]~**
   It is very kind **of** you **to** help me.
   도와주셔서 매우 감사합니다.

3 **It is of no use –ing~**
   It is no use crying over spilt milk.
   우유를 엎질러 놓고 울어야 아무 소용없다.

4 It[형식주어]~that절[진주어]
It is a common saying **that** thought is free.
'사고는 자유롭다'는 하나의 격언이다.

5 It[형식주어]~whether~or not[간접 선택의문문절이 진주어]
It is doubtful **whether** he will consent or not.
그가 승낙할 것인지 아닌지 의심스럽다.

6 It[형식주어]~의문사가 있는 간접의문문절[진주어]
It doesn't matter to me **who** you are or **where** you live.
당신이 누구이며 어디에 살고 있는지는 나에게 중요하지 않다.

7 There[유도부사] + be + 주어~
There are some flowers in the vase.
화병에 몇 송이 꽃이 있다.

Reading Skill 006

형식주어 it의 관용적 구문

1 It be 감정(이성)의 형용사 that S + (should) + V원형~
It is strange **that** he should be ill.
그가 아프다는 것은 이상하다. *믿기지 않는다

2 It seems that~
It seems that something is wrong with my watch.
내 시계가 어딘가 고장난 것 같다.

3 It happened that~
It (so) happened [chanced/appeared] **that** I had no money with me.
나는 우연히도 수중에 돈이 전혀 없었다.

4 논리적 절차로 당연히 따르는 결과
From this evidence, **it follows that** he is innocent.
이 증거로 보아서 그는 당연히 죄가 없다.

5 It occurred to me that~
It occurred to me that he must have stolen the diamonds.
그가 틀림없이 다이아몬드를 훔쳤다는 생각이 머리에 떠올랐다.

6 your mother 강조
It was your mother that I met in the train. 〈강조구문〉
내가 기차 안에서 만난 것은 바로 네 어머니였다.

Reading Skill 007
비인칭주어 it

1 날씨의 it
It was raining cats and dogs that day.
그날 비가 몹시 왔다.

2 상황의 it
It was very quiet in the mountain cottage.
산 속 움막은 매우 조용했다.

3 시간의 it
It is five years since we moved here.
= We moved here five years ago.
우리가 이곳을 떠난 지 5년이다.

4 상황의 it
It is all over with me.
나에겐 모든 것이 끝장났다.

Reading Skill 008

무생물주어 *원인·이유·조건·때·양보의 부사(구/절)의 의미로 해석

❶ This book has kept me very busy for a week.
= Because of this book, I have been very busy for a week.
이 책 때문에 나는 일주일 내내 매우 바빴다.

❷ This road will take you to the hotel.
= If you take this road, you will get to the hotel.
이 길을 따라가면 너는 호텔에 다다를 것이다.

❸ The fine weather brought them a good harvest.
= Thanks to the fine weather, they reaped a good harvest.
좋은 날씨 덕분에 그들은 괜찮은 수확을 거두었다.

❹ The next morning found the village destroyed by the fire.
= The village was found to be destroyed by the fire the next morning.
다음 날 아침에 마을이 화재로 파괴된 채 발견되었다.

❺ No amount of experience seemed to improve his English.
= However experienced he may be, he seemed not to improve his English.
아무리 경험을 많이 쌓더라도 그의 영어가 좋아질 것 같지 않다.

Reading Material 001

"**To have a great work in progress**" said Jowett, "is the way to live long. You will live till you finish it."

어휘 to have a great work in progress 위대한 일을 진행시키는 것
해석 "장대한 일을 추진하는 것이 장수하는 비결이다. 그 일을 끝마칠 때까지 당신은 살 것이다."라고 조웨트가 말했다.

Reading Material 002

Whether a life is noble or mean depends, not on the profession which is adopted, but on the spirit which it pursues.

어휘 Whether a life is noble or mean 한 인생이 고귀한 것인지 하찮은 것인지의 여부는 depend (up)on ~에 달려있다 not A but B A가 아니라 B이다 profession 전문 직업 adopt 채택하다
해석 한 인간의 삶이 고귀한 것인지 비열한 것인지의 여부는 선택된 직업에 달려있지 않고, 그 직업이 추구한 정신이 무엇인가에 달려있다.

Reading Material 003

It matters little **whether a poet had a large audience** in his own times. **What matters** is that there should always be at least a small audience for him in every generation.

어휘 matter = be important What matters = What is important audience 독자층
해석 한 시인이 그의 시대에 많은 독자층을 갖고 있었느냐의 여부는 별로 중요하지 않다. 중요한 것은 모든 세대에 적어도 그의 시에 귀를 기울이는 소수의 독자들이 항상 있어야 한다는 것이다.

Reading Material 004

Galileo's father sent him to school to study medicine. The youth, however, grew more interested in mathematics than medicine. **The result was that**, instead of becoming a doctor, he became a teacher of science.

> **어휘** medicine 의학, 약 grow interested in ~에 흥미를 가지게 되다 instead of~ ~대신에 The result was that~ 그 결과로~
>
> **해석** Galileo의 아버지는 그가 의학을 공부하도록 학교에 보냈다. 그러나 청년 Galileo는 의학보다 수학에 더욱 관심을 갖게 되었다. 그 결과로 의사가 되는 대신에 그는 과학 교사가 되었다.

Reading Material 005

With most men **the knowledge that they must ultimately die** does not weaken the pleasure in being at present alive. To the poet the world appears still more beautiful as he gazes at flowers that are doomed to wither, at springs that come to too speedy an end.

> **어휘** be doomed to wither 시들어야 할 운명인
>
> **해석** 대부분의 사람의 경우, 그들이 결국 죽어야 한다는 사실이 현재 그들이 살아있다는 즐거움을 약화시키지 않는다. 시인에게 있어서 곧 시들 꽃을 바라보거나 빠르게 지나가 버릴 봄을 바라볼 때에도, 세상은 여전히 더욱 아름다운 것으로 보인다.

Reading Material 006

It is upon the method of observing and testing these things **that a just knowledge of** individual men in great measure depends.

> **어휘** individual 개인의 in great measure 크게, 대단하게, 대체로 depend on ~에 의존하다
>
> **해석** 개인에게 올바른 지식이란 이러한 것들을 관찰하고 시험하는 방식에 크게 좌우된다.

Reading Material 007

One day when his car approached his house, he saw that as usual two cars had already been parked outside his house. It was impossible for him **to find space** for his own car, and this made him angry.

어휘 approach 다가가다 as usual 여느 때처럼

해석 어느 날 그의 차가 그의 집에 다가갔을 때, 여느 때처럼 두 대의 차가 그의 집 밖에 이미 주차해 있는 것을 알았다. 그가 자기 차를 주차시킬 공간을 찾는다는 것은 불가능했다. 이것이 그를 화나게 했다.

Reading Material 008

It so happened that this king had a young daughter who was very beautiful and whom he loved more than anything in the world.

어휘 It so happened that~ 공교롭게도, 우연히도

해석 공교롭게도 이 왕에게는 매우 아름답고, 그가 세상의 어느 것보다 더 사랑하는 어린 딸이 있었다.

Reading Material 009

All the crew had completely disappeared, without leaving a message. There was no sign of violence. In fact, **it seemed that** they were just ready to sit down to dinner, because there was food still on the table.

어휘 the crew 승무원들 disappear 사라지다 sign 흔적 in fact 사실

해석 모든 승무원들이 어떤 메시지도 남기지 않고 완전히 사라져 버렸다. 어떤 폭력의 흔적도 전혀 없었다. 사실 식탁 위에 여전히 음식이 있는 것으로 보아 그들은 저녁 식사를 하려고 막 식탁에 앉을 준비를 하고 있었던 것 같았다.

Reading Material 010

Luck or the grace of Heaven may seem to take part in many happenings in life, but **a little deeper looking into the causes of them** reveals that one's own efforts were by far more responsible for them than most people imagine.

어휘 Luck or the grace of Heaven 행운 혹은 하늘의 은총으로 take part in 관여하다, 참여하다

해석 인생의 많은 일들이 행운이나, 하늘의 은총으로 일어나고 있는 것처럼 보일지도 모르지만, 그 일들의 원인들을 좀 더 깊이 살펴보면 그 자신의 노력에 많은 사람들이 상상한 것보다 더 많은 책임이 있다는 것이 드러난다.

목적어(Object)

빈출핵심구문 맛보기

09 I hope **to hear from you soon**.
(당신에게서 곧 소식을 들을 수 있길 바랍니다.) *to부정사가 목적어

10 I know **who he was, but not what he did**.
(나는 그가 누구였는지는 알고 있으나, 그가 무엇을 했는지는 모른다.) *간접의문문절이 목적어

11 We noticed **that the wind was increasing**.
(우리는 바람이 점점 더 강해지고 있다는 사실을 알게 되었다.) *that절이 목적어

12 I am aware **that he was not pleased**.
(나는 그가 즐거워하지 않았다는 것을 안다.) *be + 형용사 + that 목적어

13 He **died** a sad **death**. = He died sadly.
(그는 불쌍하게 죽었다.) *동족목적어

14 Heaven helps those who help **themselves**.
(하늘은 스스로 돕는 자를 돕는다.) *재귀목적어

15 He makes **it** a rule **to take an hour's walk everyday**.
(그는 매일 한 시간씩 산책하는 것을 규칙으로 삼고 있다.) *it 형식목적어

16 He gave **the menu a careless glance**.
(그는 메뉴판을 힐끗 보았다.) *이중목적어

Reading Skill 009

준동사 형식의 목적어

① 의문사 + to부정사가 목적어
I do not know **where to get off** the train.
= I do not know where I should get off the train.
나는 어디에서 기차를 내려야 하는지 모른다.

② 동명사가 목적어 – 과거의 기억
I remember **posting the letter** on my way to school.
나는 학교 가는 길에 편지 부친 것을 기억한다.

cf. Remember **to post** the letter on your way to school.
학교 가는 길에 편지 부칠 것을 기억해라. - 미래의 할 일을 기억

③ Would you mind **opening the window**?
= Would you mind if you **open(ed) the window**?
창문을 열어 주시겠습니까?

④ 완료동명사가 목적어
I am sure of his **having left** the room.
= I am sure that he (has) left the room.
나는 그가 이미 방을 떠났다고 확신한다.

Reading Skill 010

목적어절

① 의문사가 없는 간접의문문절이 목적어
Ask him **whether [if] he is coming on Sunday**.
그가 일요일에 올 것인지 아닌지 그에게 물어라.

② 의문사가 있는 간접의문문절이 목적어
I have no idea (as to) **why he has been arrested**.
나는 그가 왜 체포되었는지 알지 못한다.

3 what 관계사절이 목적어
I hesitated to **say what I thought to be right**.
나는 내가 옳다고 생각하는 것을 말하기를 주저했다.

4 복합 관계대명사절이 목적어
You may go with **who(m)ever you like**.
(= anyone whom you like)
당신은 당신이 좋아하는 사람이면 누구와 같이 가도 좋다.

5 복합 관계형용사절이 목적어
Take **whatever measures you** consider best.
(= any measures that you consider best)
당신이 가장 좋다고 생각하는 어떤 조치든지 취하라.

6 the fact와 that절이 동격의 목적어
He wanted to conceal **the fact that** he used to be a gambler.
그는 자기가 노름꾼이었다는 사실을 감추고 싶었다.

Reading Skill 011

that절이 목적어

1 전치사 + that절
I know nothing about him **except that** he is a lawyer.
그가 변호사라는 것 외에는 그에 관하여 아무것도 모른다.

2 동사 + that절
I will **see (to it) that** everything is ready.
모든 것이 준비되도록 내가 보살피겠다.
*(see (to it) that = take care that 보살피다, 꼭 ~하게 하다)

3 hope, expect, intend + that S + 미래
We all **hope that things will** change for the better.
우리 모두는 사정이 더 좋아지기를 바란다.

Reading Skill 012

be + 형용사 + 목적어절

❶ be aware/ignorant (of) + 간접의문문절: ~을 알다[모르다]
I **became aware (of)** how wide the river was while trying to swim across it.
내가 강을 가로질러 헤엄치려고 애쓰는 동안 나는 강폭이 얼마나 넓은지 알게 되었다.

❷ be sure/convinced that절: ~을 확신하다
We are fully **convinced (sure)** that the time will come when we can travel to the moon.
우리가 달까지 여행할 수 있는 때가 오리라는 것을 우리는 충분히 확신한다.

❸ I am delighted that you have enjoyed the party. <이유의 부사절>
당신이 그 파티가 즐거웠다니 저는 기쁩니다.
*be + 형용사/과거분사 + 이유나 원인의 that절

❹ doubtful + 간접의문문절: ~이 확실하지 않은
I feel **doubtful what I ought to do.**
내가 무엇을 해야 할지 당혹스럽다.

Reading Skill 013

동족목적어

❶ 의미가 같은 동족목적어
They **fought** a good **battle**.
그들은 훌륭한 전투를 했다.

❷ 최상급 뒤의 동족목적어 생략
She **smiled** her brightest (smile).
그녀는 환하게 미소를 지었다.

❸ She looked the **thanks** that she could not express properly.
그녀는 말로 적절히 표현할 수 없는 깊은 감사의 표정을 지었다.

4 결과의 동족목적어
He **smiled** assent.
그는 미소로 승낙했다.

5 I **slept** a sound **sleep**.
나는 깊은 잠을 잤다.

Reading Skill 014
재귀대명사 목적어

1 Why did you **absent yourself** from school yesterday?
= Why were you absent from~?
너는 왜 어제 학교에 결석하였느냐?

2 He **availed himself** of every opportunity.
= He made use of~
그는 모든 기회를 잘 이용했다.

3 overeat, overwork + oneself
He **overslept** (himself) and was late for work.
그는 늦잠을 자서 지각했다.

4 He **walked himself** lame.
그는 절뚝거릴 정도로 많이 걸었다.

Reading Skill 015
형식목적어 it

1 to부정사가 진목적어
I found it easy **to read that book**.
그 책을 읽는 것이 쉽다는 것을 알았다.

2 that절이 진목적어
I think it necessary **that you (should) do it at once**.
당신이 곧 그것을 해야 한다고 나는 생각한다.

3 that절이 진목적어
I took it for granted **that he would agree to our proposal**.
그가 우리 제안에 당연히 동의하리라고 나는 생각했다.

4 it과 that절이 동격
See to **it that the work is done before dark**.
어둡기 전에 작업을 꼭 끝내도록 하여라.

5 The rumor **has it that** the prime minister is going to resign.
(have it = express)
소문에 의하면 수상이 사임할 것이라고 한다.

Reading Skill 016
이중목적어

1 간접목적어 + 직접목적어
She played **me a trick**.
= She played a trick on me.
그녀는 나에게 속임수를 썼다.

2 직접목적어가 의문사 + to부정사
Can you advise me **which to choose**?
제게 어떤 것을 선택해야 하는지 충고해 줄 수 있겠습니까?

3 직접목적어가 that절
She told her mother **that she wanted to be a musician**.
그녀는 어머니에게 자기가 음악가가 되기를 원한다고 말했다.

4 직접목적어가 간접의문문
My sister asked me **what was the matter**.
나의 여동생은 나에게 무엇이 문제냐고 물었다.

5 **직접목적어가 간접의문문**
She asked me **if I had ever been to Paris**.
그녀는 내게 파리에 가본 적이 있는지 물었다.

6 **직접목적어가 what 관계사절**
I gave the beggar **what money I had**.
나는 거지에게 내가 가지고 있던 모든 돈을 주었다.

앞에서 제시한 Reading Skill에서 익힌 구문을 독해할 때 적용하며 학습할 수 있도록 필요한 어휘, 숙어, 해석을 하단에 수록했다.
최상의 독해 능력을 배양할 수 있도록 글 전체의 내용을 깊이 있게 학습해 보자.
결국 어휘나 문법은 독해를 위한 기본 학습에 불과하다.

Reading Material 011

Some discoveries are said to have been made by accident, though we cannot deny the fact **that great efforts have been made.**

[어휘] by accident 우연히 deny 부정하다, 취소하다 the fact와 that절은 동격
[해석] 어떤 발견들은 우연히 일어났다고 하지만 그 속에 엄청난 노력이 있었다는 사실은 부정할 수 없다.

Reading Material 012

I avoid going downtown and, when I must go, I carefully stay away from certain streets. And I think I have carried over from my schooldays the feeling that there is something unlawful in being abroad, idle, in the middle of the day.

[어휘] avoid -ing ~을 피하다 downtown 도심지, 중심가 schoolday 수업일 in the middle of ~의 한가운데 the feeling과 that절은 동격
[해석] 나는 시내 중심가에 가는 것을 피한다. 꼭 가야할 때는 어떤 특정 거리들은 조심스럽게 피해간다. 또한 대낮에 한가하게 외출하는 것에는 무언가 불법적인 것이 있다는 느낌을 학창 시절부터 줄곧 지녀왔던 것 같다.

Reading Material 013

The people who are **worth knowing** are the people who never gave up, and a good biography brightly illuminates their heroism.

[어휘] be worth -ing ~할 가치가 있다 biography 전기 illuminate 조명하다 heroism 영웅적 자질
[해석] 알아두어야 할 가치가 있는 사람들은 결코 포기하지 않았던 사람들이고, 훌륭한 전기는 그들의 영웅적 자질을 밝게 조명해 준다.

Reading Material 014

Obviously a child needs to be treated warmly by his mother: he needs **to be cared for**, that is, to be clothed, fed, and taught: and he needs to be protected, particularly at an early age, from himself and from his environment. But these necessities, if carried to excess, can actually hinder a child's normal development. It is pleasant to feel warmth, but what happens when the warmth becomes **suffocating**?

> **어휘** care for ~을 바라다 protect 보호하다 excess 과다, 초과 hinder 방해하다 warmth 따뜻함, 온정 suffocating 숨막히는 that is (to say) 즉, 다시 말하면
>
> **해석** 당연히 아이는 어머니에게 따뜻한 보살핌을 받아야 한다. 즉, 입히고, 먹이고, 가르치면서 돌볼 필요가 있다는 것이다. 또한 어릴 때는 스스로와 주변 환경으로부터 보호를 받아야한다. 그러나 이러한 요구들이 도를 넘어선다면 아이의 정상적인 성장에 방해가 될 수 있다. 온정을 느끼는 것은 기분 좋지만 그 온정이 숨막힘으로 변한다면 어떻게 되겠는가?

Reading Material 015

A young man wrote to me the other day lamenting his ignorance and **requesting me to tell him what books** to read and what to do in order to become learned and wise. I sent him a civil answer and such advice as occurred to me. But I confess that **the more** I thought of the matter **the less** assured I felt of my competence for the task.

> **어휘** lamenting 슬퍼하며 ignorance 무지 request 요구 in order to ~을 위해서 civil 공손한 competence 적성, 자격
>
> **해석** 한 젊은이가 얼마전에 자신의 무지를 한탄하면서, 학식을 갖추고 현명해지기 위해서는 어떤 책을 읽어야 하며, 무엇을 해야 할지 이야기해 달라고 요청하는 편지를 나에게 썼다. 나는 그에게 공손한 답장과 나에게 떠오른 그러한 충고를 보냈다. 그러나 실은 그 문제에 대해 더 많이 생각하면 할수록 그 일에 대한 나의 능력에 점점 더 자신이 없음을 느끼게 된다고 고백하고 싶다.

Reading Material 016

They had thought **that the boy would return to the camp before it was dark.** Now in such a snowstorm they found it quite impossible to go out and look for him.

어휘 snowstorm 눈보라 go out 나가다 look for ~을 찾다
해석 그들은 소년이 어둡기 전에 캠프로 돌아올 것이라고 생각했다. 이제 그런 눈보라 속에 그들은 밖으로 나가서 그를 찾는다는 것이 아주 불가능함을 알게 되었다.

Reading Material 017

For the first time I found **it** obvious **that women treat men according to the clothes** they are wearing. When a badly dressed man passes them, they move away from him in disgust. They treat him like a dead cat.

어휘 according to ~에 의하여 move away 피하다 in disgust 혐오하여 treat 대우하다
해석 나는 처음으로 남성들이 입고 있는 옷에 의하여 여성들이 남성들을 대우한다는 것을 분명하게 알게 되었다. 남루하게 옷을 입은 남성이 그들 곁을 지나가면 그들은 혐오감을 느끼며 그를 피한다. 그들은 그를 마치 죽은 고양이처럼 대한다.

Reading Material 018

The railway accident made it impossible for the train **to reach the station on time.**

어휘 railway accident 철도 사고 on time 정각에
해석 철도 사고로 기차가 정각에 역에 도착하지 못했다.

Reading Material 019

The grown-ups, this time, advised me **to lay aside** my drawings of boa constrictors, whether they were from the inside or the outside, and **devote myself** to geography, history, arithmetic, and grammar. That is why, at the age of six, I gave up the idea of becoming a painter.

어휘 lay aside 비켜두다 boa constrictor 열대산 왕뱀 arithmetic 산수 geography 지리 at the age of~ ~살 때 give up 포기하다

해석 이번에는 뱀의 뱃속을 그린 것이든 겉모습을 그린 것이든 간에 어른들이 나에게 열대산 왕뱀의 그림들을 치워두고 지리, 역사, 수학 그리고 문법에 전념하라고 충고했다. 그것이 내가 6살 때 화가가 될 생각을 포기한 이유이다.

Reading Material 020

He would say, "**Ask** me anything about any character in history, **and** I'll give you the facts." Naturally, they tried to show him up. They would ask him some absurd question such as "How old was Socrates' wife when she married?" And he would answer, **quick as a flash**: "Socrates didn't marry until he was forty: and then, in spite of his wisdom, he married a **flapper** who was only nineteen."

어휘 명령문 + and ~해라, 그러면 ~하다 naturally 자연히 absurd 불합리한 in spite of ~에도 불구하고 flapper 건달 아가씨

해석 그는 "역사 속 인물에 대해 무엇이든 물어보아라. 그럼 사실을 알려주겠다."라고 말하곤 했다. 당연히, 그들은 그를 당황하게 만들려고 애썼다. 그들은 그에게 "Socrates의 부인이 결혼할 때 몇 살이었지요?"와 같은 엉뚱한 질문을 하곤 했다. 그러면 그는 전광석화같이 재빠르게 "Socrates는 40살까지 결혼하지 않았지, 그리고 그의 지혜에도 불구하고 그는 19살인 말괄량이 아가씨와 결혼하였지."라고 대답하곤 했다.

보어(Complement)

빈출핵심구문 맛보기

17 The best way is **to do one thing at a time**.
(가장 좋은 방법은 한 번에 한 가지 일만 하는 것이다.) *to부정사가 주격 보어

18 The problem is **who will tie the bell around the cat's neck**.
(문제는 누가 고양이 목에 방울을 달 것인가 하는 점이다.) *간접의문문절이 주격 보어

19 The matter proved **of considerable importance**.
(그 문제는 대단히 중요한 것으로 판명되었다.) *of + 추상명사가 주격 보어

20 You **are to stay** in bed until I allow you to get up.
(너는 내가 일어나도록 허락할 때까지 잠자리에 있어야 한다.) *be to V 용법

21 He went **an enemy**, but came back **a friend**.
(그가 떠날 때는 적이었으나, 돌아올 때는 친구로서 돌아왔다.)

22 The scenery struck him **speechless**.
(경치가 너무 아름다워서 그는 말문이 막혔다.)

23 I **felt** the house **shake** and rushed out of the room.
(나는 집이 흔들리는 것을 느끼고 방 밖으로 뛰어 나갔다.)

24 You cannot **make** a crab **walk** straight.
(게를 똑바로 걷게 할 수는 없다.)

Reading Skill 017

주격 보어로서의 준동사

1 동명사가 주격 보어
My hobby is **collecting postage** stamps.
나의 취미는 우표수집이다.

2 현재분사가 주격 보어: 동시 동작 표현
She stood at the gate **smiling on him**.
그녀는 그에게 미소를 지으면서 문에 서 있었다.

3 과거분사가 주격 보어
The old man sat **satisfied with the result**.
노인은 결과에 만족해하면서 앉아 있었다.

4 과거분사가 주격 보어
Startled, the baby kept crying all night.
놀란 아기는 밤새 계속해서 울었다.

5 의문사 + to부정사가 주격 보어
The question is **when to start**.
문제는 언제 출발하느냐이다.

Reading Skill 018

주격 보어로서의 명사절

1 the trouble is that을 부사처럼 해석
The trouble is that the guests haven't arrived yet.
곤란하게도 손님들이 아직 도착하지 않았다.

2 간접의문문절이 주격 보어
What I want to know is **whether he is willing to join us or not**.
내가 알고 싶은 것은 그가 우리와 합류하려는지 아닌지이다.

❸ **what 관계사절이 주격 보어**
Things are not **what they seem**.
상황이 겉보기와는 다르다.

❹ **that절이 주격 보어**
It seems **that my wife is more attached to her dog than to me**.
= My wife seems to be more attached to her dog than to me.
아내는 나보다 개에게 더 애착을 느끼는 것 같다.

Reading Skill 019

주격 보어로서의 전치사 + 명사

❶ The two boys are **(of) the same age**.
두 소년은 동갑이다.

❷ The patient is now **out of danger.**
환자는 이제 위험에서 벗어났다.

❸ He is **above telling a lie.**
= He is the last man to tell a lie.
그는 결코 거짓말할 사람이 아니다.

❹ He feels **at home** here. (at home = comfortable)
그는 이곳에서 편안함을 느낀다.

❺ He is **in good health.**
그는 건강이 좋은 상태이다.

Reading Skill 020

be to V의 특별용법

❶ The meeting **is to be** held on next Saturday.
(= be going [scheduled] to~)
모임은 다음 주 토요일에 열릴 예정이다.

❷ Not a sound **was to be** heard. (= could)
단 한 마디의 소리도 들을 수 없었다.

❸ Children **are to obey** their parents. (= should)
자녀는 부모님께 순종해야 한다.

❹ She **was** never **to return** home. (= was destined [doomed] to~)
그녀는 다시 집으로 돌아오지 못할 운명이었다.

❺ You must speak out, if we **are to remain** friends. (= intend to~)
우리가 친구 사이로 남아 있으려면, 너는 솔직하게 이야기해야 한다.

Reading Skill 021

일반적 주격 보어와 유사 보어

❶ Her husband **died, still a young man**.
= When her husband died, he was still a young man. *유사 보어
그녀의 남편은 젊어서 죽었다.

❷ She looks **young for her age**.
그녀는 나이에 비해 젊어 보인다.

cf. He looks like a fine gentleman.
그는 훌륭한 신사같아 보인다.

❸ He **married young and died old**. *유사 보어
= When he married, he was young and when he died, he was old.
그는 젊은 나이에 결혼했고, 늙어서 죽었다.

❹ This cloth **feels smooth**.
이 천은 촉감이 부드럽다.

❺ become/get/grow/turn/go/run/come + 형용사
The dream has **come true**.
꿈이 실현되었다.

6 The rumor **turned out** [proved] to be true.
소문은 사실로 판명되었다.

Reading Skill 022
목적격 보어

1 형용사가 목적격 보어
He painted the wall **white**.
그는 벽을 하얗게 칠했다.

2 부사가 목적격 보어
What time do you expect him **back**?
당신은 그가 몇 시에 들어오리라고 생각합니까?

3 수동 부정사가 목적격 보어
I desire the rubbish **to be removed**.
나는 그 쓰레기가 치워지기를 바란다.

4 과거분사가 목적격 보어
I want my things **carried** upstairs.
내 짐을 위층으로 옮겨놓기를 바라오.

5 전치사구가 목적격 보어
I found everything **in good condition**.
모든게 양호하다는 점을 나는 알게 되었다.

5 what 관계사절이 목적격 보어
He has made me **what I am**.
그가 나를 오늘날의 나로 만들었다.

Reading Skill 023

지각동사 + O + 준동사

1 원형 부정사가 목적격 보어
He was watching a rabbit **come out of the burrow**.
그는 토끼가 굴에서 나오는 것을 지켜보고 있었다.

2 현재분사가 목적격 보어
I was amazed to see her sweeping the room all by herself.
그녀가 혼자서 그 방을 쓸고 있는 것을 보고 나는 놀랐다.

3 과거분사가 목적격 보어
I had never heard him spoken ill of.
나는 그가 비난받는 것을 들어본 적이 없다.

4 지각동사의 수동태 + to부정사
He was seen to run out in a hurry.
그가 서둘러서 밖으로 달려 나가는 것이 목격되었다.

Reading Skill 024

사역동사 + O + 준동사

1 have + O + V원형
They had me wait for a long time.
그들은 나를 오랫동안 기다리게 했다.

2 let + O + V원형
You can only let the matter take its own course.
당신은 문제가 저절로 풀려나가도록 내버려두는 수밖에 없다.

3 have + O + 과거분사
He had his hat blown off by the wind.
그는 자신의 모자를 바람에 날려 버렸다.

4 **help + O + V원형**

He helped me (to) do my homework.
그는 내가 숙제하는 것을 도와주었다.

5 **get + O + to부정사**

We must get someone to come.
우리는 누군가가 오도록 해야 한다.

6 **have + O + 현재분사**

I won't have you doing such a mean thing. (= allow~to V)
나는 당신이 그런 나쁜 일을 하도록 허용하지 않겠다.

앞에서 제시한 Reading Skill에서 익힌 구문을 독해할 때 적용하며 학습할 수 있도록 필요한 어휘, 숙어, 해석을 하단에 수록했다.
최상의 독해 능력을 배양할 수 있도록 글 전체의 내용을 깊이 있게 학습해 보자.
결국 어휘나 문법은 독해를 위한 기본 학습에 불과하다.

Reading Material 021

Two men were taking a walk along a busy street. One of them was rather old, **while** the other looked quite young. Each one was wearing a smart suit and **appeared to be** a fine gentleman.

어휘 while 다른 한편 suit 양복 S appear to V ~처럼 보이다

해석 혼잡한 거리를 따라 두 사람이 걸어가고 있었다. 그중 한 사람은 다소 나이가 들었지만, 다른 사람은 매우 젊어 보였다. 각각 멋진 양복을 입고 있었고, 훌륭한 신사처럼 보였다.

Reading Material 022

A curious **fact** about Shakespeare is **that every time** you read him he becomes quite different. The boy reads Shakespeare only for the sake of the story, which interests him. When the boy becomes a man and reads Shakespeare again those plays seem to be much grander than they were before.

어휘 every time = whenever = each time ~할 때는 언제나 for the sake of ~을 위하여 which의 선행사는 the story이다 plays 연극 grand 장엄한

해석 Shakespeare 작품에 대한 특이한 사실은 작품이 읽을 때마다 매우 달라진다는 사실이다. 소년은 그의 작품을 단지 이야기만을 위해서 읽는데, 그것은 그에게 흥미를 준다. 그가 어른이 되어 Shakespeare의 작품을 다시 읽으면 그 희곡들이 전보다 훨씬 더 깊이 있게 느껴진다.

Reading Material 023

The writer must feel free, or he may find **it** difficult **to fall into the creative mood and go work.** If he feels free, sure of himself, he is in a favorable condition for the act of creation.

[어휘] favorable 유리한, 좋은 be in a condition ~한 상태에 있다
[해석] 작가는 자유로움을 느껴야 한다. 그렇지 않으면 창의적인 분위기에 빠져 작업에 어려움을 겪을지도 모른다. 만약에 그가 자유롭고 자신감을 느끼게 된다면, 그는 창작 활동을 위한 유리한 상태에 있게 된다.

Reading Material 024

We consider a salesman **to be very low** on the social scale. We do not really like to dirty our hands with commercialism. That's why Britain today is in a state of economic collapse.

[어휘] on social scale 사회적 지위상 commercialism 상업주의 collapse 폭락 dirty 더럽히다 economic collapse 경제적 몰락 That is why S + V 그것이 ~한 이유다
[해석] 우리는 영업사원을 사회적 지위상 매우 낮은 것으로 간주한다. 우리는 우리의 손을 상업주의로 더럽히는 것을 정말로 좋아하지 않는다. 그것이 영국이 오늘날 경제적 몰락 상태에 있게 된 이유이다.

Reading Material 025

In the Soviet Union, one hundred and thirty different languages are spoken, while in the United States over one thousand radio stations transmit programs in forty different languages. **The point is that** there is no simple relation between nation and language. Certainly, the **one to one correspondence** between language and people as seen in Korea is a rare case.

[어휘] transmit 송신하다 the one to one correspondence 1대1 대응 a rare case 드문 경우 The point is that절: 요점은 ~한 것이다 radio station 라디오 방송국
[해석] 소련에서는 130개의 서로 다른 언어들이 사용되고 있는 반면 미국에서는 1,000여 개의 라디오 방송국이 40개의 다른 언어로 프로그램을 방송한다. 요점은 국가와 언어 사이의 관계가 단순하지 않다는 점이다. 사실 한국에서 볼 수 있는 것처럼 언어와 국민 사이의 1대1 대응 관계는 매우 드문 경우이다.

Reading Material 026

Though he advised his clerk to give up drinking many times, he didn't follow his advice. As time passed, the clerk fell into **the habit of getting up late every morning** and did not work as hard as before.

> **어휘** give up -ing 단념하다 clerk 점원 fall into 물들다, 빠지다 the habit과 getting up~ 이하가 동격(동격의 of)
>
> **해석** 그는 점원에게 여러 번 술을 끊을 것을 충고하였지만, 그의 충고를 따르지 않았다. 시간이 지나감에 따라 그 점원은 매일 아침 늦게 일어나는 게 습관이 되어 전처럼 열심히 일하지 않았다.

Reading Material 027

In 1856, when the new Houses of Parliament were built, Sir Benjamin Hall **had** a clock **made** on the tower. As he was a big, strong man, people often called him Big Ben. Later his nickname became the name of the clock.

> **어휘** the House of Parliament 국회 의사당 nickname 애칭, 별명 had a clock made 시계를 만들도록 시키다
>
> **해석** 1856년 새 국회 의사당이 건립되었을 때, Benjamin Hall 경은 탑에 시계를 만들어 걸도록 시켰다. 그는 매우 크고 건장한 사람이었기 때문에, 사람들은 자주 그를 Big Ben이라고 불렀다. 나중에 그의 애칭이 그 시계의 이름이 되었다.

Reading Material 028

The professor told them about a little girl who went to sleep and disappeared down a rabbit hole and awoke in Wonderland. They listened with wide-eyed astonishment, and **begged** him **to write** the story for them: so he sat up all night doing it. And since one of the little girls had the name of Alice, he called the story 'Alice in Wonderland.'

> **어휘** wonderland 이상한 나라 rabbit 토끼 astonishment 놀람 beg + 목적어(O) + to V: ~에게 …을 부탁하다 sit up 늦도록 안 자다

[해석] 교수는 그들에게 잠이 든 사이 토끼굴로 내려가 사라진 후 잠에서 깨어보니 이상한 나라에 가 있게 된 작은 소녀에 관하여 이야기했다. 그들은 눈을 크게 뜨고 놀라면서 귀를 기울이고 그에게 자기들을 위해서 그 이야기를 책으로 써줄 것을 간청했다. 그래서 그는 밤을 새워가며 이야기를 썼다. 또한 작은 소녀들 중의 한 소녀가 Alice라는 이름을 가지고 있었기 때문에 그는 이야기를 '이상한 나라의 앨리스'라고 불렀다.

Reading Material 029

That prison sentence seemed like a calamity at the time: but, in a way, it was most fortunate: for he began writing in prison, the brilliant stories that **were destined to** make his name honored and loved wherever the English language is spoken. It is quite probable that he **would never have written** at all if he hadn't been sent to prison.

[어휘] sentence 선고, 판결 calamity 불행, 비운 be destined to ~할 운명이다 wherever ~하는 곳 어디든지 never~at all 전혀 ~가 아니다

[해석] 그 징역형 판결은 그 당시에는 커다란 불행인 것처럼 보였지만, 어떤 면에서 그것은 대단한 행운이었다. 왜냐하면, 그는 감옥에서 영어가 쓰이는 곳에서는 어디서나 장차 그의 이름이 존경받고 사랑받게 될 찬란한 이야기들을 쓰기 시작하였기 때문이다. 아마도 그가 감옥으로 보내지지 않았다면 그는 결코 그 이야기들을 쓰지 않았을 것이다.

Reading Material 030

While I was thinking of all this, I heard my name called. It was my turn to recite. What would I not have given to be able to say that terrible rule of participle all through, very loud and clear, and without one mistake? But I got **mixed up** on the first words and stood there, holding on to my desk, my heart beating, and not daring to look up.

[어휘] recite 암송하다 participle 분사 get mixed up 말을 더듬다

[해석] 이 모든 것을 생각하고 있을 때 내 이름이 불리는 것을 들었다. 내가 암송할 차례였다. 내가 그 끔찍한 분사 규칙을 처음부터 끝까지 매우 크고 분명하게, 단 한 번의 실수도 없이 말할 수 있기 위해서라면 무엇인들 주지 않았겠는가? 그러나 나는 첫마디부터 더듬거렸고, 책상을 꼭 잡은 채, 가슴은 두근거렸고, 고개를 들지 못한 채 그곳에 서 있었다.

수식어구

빈출핵심구문 맛보기

25 There are **two large old stone** buildings around my house.
(우리 집 주변에 2개의 오래된 대형 석조 건물이 있다.)

26 I have nothing **particular** to do this afternoon.
(나는 오늘 오후에 특별히 할 일이 없다.)

27 A friend **in need** is a friend indeed.
= A friend who helps in need is a true friend.
(어려울 때 친구가 진정한 친구이다.)

28 A man **continually complaining** is never listened to.
(늘 불평하는 사람의 말은 아무도 들어주지 않는다.)

29 What he does leaves nothing **to be desired**.
(더 이상 바랄 것 없이 그는 완벽하게 일한다.) *주어-술어 관계

30 He had the kindness **to offer me his seat**.
(그는 친절하게도 나에게 자리를 양보했다.)

31 **To be frank with you**, I do not quite agree with you.
(솔직히 말하자면, 나는 당신과 의견이 매우 다르다.)

32 Jane is **quick to understand**, but she is slow to decide.
(Jane은 이해가 빠르지만 결정하는 것이 느리다.)

Reading Skill 025

형용사의 어순

❶ She is **so beautiful a girl** that everybody loves her.
그녀는 매우 아름다운 소녀여서 모두 그녀를 사랑한다.

　cf. She is **such a beautiful girl** that everybody loves her.

❷ **How beautiful a flower** you have!
당신이 가진 꽃은 얼마나 아름다운가!

　cf. What a beautiful flower you have!

❸ Politics is **too difficult** a problem.
정치는 너무나 어려운 문제이다.

❹ She has **such** exceptional abilities **that** everyone is jealous of her.
그녀는 너무 비범한 재능들을 가지고 있어서 모든 사람이 그녀를 시기한다.

❺ He is **quite a nice man**, but with rather a gloomy expression.
그는 매우 좋은 사람이지만, 다소 우울한 표정을 하고 있다.

❻ all [both/double/half] + the + 명사
Both the young sisters can play the piano very well.
어린 두 자매 모두 피아노를 매우 잘 칠 수 있다.

Reading Skill 026

후치 형용사 구문

❶ the + 최상급 + N + 형용사
He is the **greatest poet alive.**
그는 현존하는 가장 위대한 시인이다.

❷ enough는 명사 전후에 올 수 있다.

He has **enough money [money enough]** to buy a mansion.
그는 큰 저택을 살 수 있을 정도로 돈이 많다.

cf. I am **old enough** to know such a thing. (형용사/부사 + enough)
나는 그러한 것을 알 만큼 충분히 나이가 들었다.

❸ 형용사 + to부정사가 후치 수식
This is a book **difficult** to understand.
이 책은 이해하기가 어렵다.

❹ all/every/any/means/최상급 + N + possible/imaginable/conceivable
We tried **every means imaginable**.
우리는 생각할 수 있는 모든 수단을 다 시도했다.

❺ 동일 성격 형용사 다수가 후치 수식
She is a lady **beautiful, kind and simple**.
그녀는 아름답고, 친절하고, 소박한 여성이다.

❻ Korea **proper**, from time **immemorial**, sum **total**.
순 한국적인, 아주 오랜 옛날부터, 총액

Reading **Skill 027**

수식어구로서의 형용사구

❶ This is a book **of great use** for students.
이것은 학생들에게 매우 쓸모 있는 책이다.

❷ The fact only shows **that he is a man of little moment**.
그 사실은 단지 그가 별로 중요하지 않은 사람이라는 것을 보여준다.

❸ The key to a good health is **to exercise regularly and sleep properly.**
좋은 건강에 대한 비결은 규칙적으로 운동하고 충분히 자는 것이다.

4 A stitch **in time** saves nine.
제때 한 바늘이 나중에 아홉 바늘을 절약한다.

Reading Skill 028
수식어구로서의 분사

1 **A rolling stone** gathers no moss.
= A stone which is rolling gathers no moss.
구르는 돌에는 이끼가 끼지 않는다. (한 우물을 파라.)

2 A **watched pot** never boils.
= A pot which is watched never boils.
지켜보는 주전자는 결코 끓지 않는다. (서두르지 말아라.)

3 The old gentleman **sitting on the bench is a retired banker**.
= The old gentleman who is sitting on the bench is a banker who is retired.
벤치에 앉아있는 저 노신사는 퇴직한 은행가이다.

Reading Skill 029
명사 + to부정사의 수식 관계

1 목적어 + 타동사 관계
I have **nothing to do** today except a few letters to write.
몇 통의 편지를 쓰는 일 외에는 내가 오늘 할 일은 전혀 없다.

2 목적어 - 동사 + 전치사 관계
She has got three kids to raise and no **man to turn to**.
그녀는 양육해야 할 3명의 자녀가 있지만 의지할 사람이 없다.

3 명사와 동격 관계
I have **an appointment to see the dentist** this afternoon.
나는 오늘 오후에 치과 예약이 있다.

4 선행사 + 전치사 + 관계대명사 + to부정사

I cannot find **words in which to thank** you.
나는 당신에게 감사해야 할 말을 찾을 수가 없다.
= I cannot find words to thank you in. (명사 + to부정사 + 전치사)
나는 당신에게 무엇이라고 감사해야 할 지 모르겠다.

Reading Skill 030

have + the 추상명사 + to부정사 구문

1 He **had the courage to fight** against terrible odds.
그는 지독하게 불리한 상황에서 용감하게 싸웠다.
= He was courageous enough to fight against terrible odds.
그는 지독하게 불리한 상황에서도 싸울 정도로 용감했다.
= He fought courageously against terrible odds.
그는 지독하게 불리한 상황에서 용감하게 싸웠다.

2 I **had the good fortune to succeed** in my first attempt.
나는 운이 좋게도 첫 번째 시도에서 성공했다.

3 He **had the impudence to attend** the party without invitation.
그는 뻔뻔스럽게도 초대장 없이 파티에 참석했다.

Reading Skill 031

문장 전체 수식어구

1 **Strange to say**, he did pass the exam after all.
이상한 이야기지만, 그는 결국 시험에 합격했다.

2 **To do him justice**, we must admit that his intentions were good.
그를 정당하게 평가하면, 우리는 그의 의도가 좋았다는 사실을 인정해야 한다.

3 **Frankly speaking**, he is an unreliable man.
솔직하게 말하자면, 그는 신뢰할 수 없는 사람이다.

④ Certainly he will be here today.
틀림없이 그는 오늘 여기에 올 것이다.

Reading Skill 032

be + 형용사/부사 + to부정사 구문

① He was content to eat dry bread.
= He was willing to eat dry bread.
그는 마른 빵을 먹는데 만족했다(기꺼이 먹었다).

② He is keen to go to Harvard University.
= He is eager (anxious) to go to Harvard University.
그는 하버드 대학에 진학하기를 몹시 갈망한다.

③ I was lucky to see you just then.
= It was lucky that I could see you just then.
나는 운 좋게 바로 그때 당신을 만났다.

④ You are quite right to say so.
= It is quite right of you to say so.
당신이 그렇게 말하는 것은 마땅하다(옳다).

⑤ This river is dangerous to swim across.
= It is dangerous to swim across this river.
이 강은 수영으로 건너가기에는 위험하다.

⑥ He is likely to be back soon.
= It is likely that he will be back soon.
그가 곧 돌아올 것 같다.

앞에서 제시한 Reading Skill에서 익힌 구문을 독해할 때 적용하며 학습할 수 있도록 필요한 어휘, 숙어, 해석을 하단에 수록했다.
최상의 독해 능력을 배양할 수 있도록 글 전체의 내용을 깊이 있게 학습해 보자.
결국 어휘나 문법은 독해를 위한 기본 학습에 불과하다.

Reading Material 031

Sudden acquired riches make(s) it difficult for many lottery winners to remain in their old neighborhoods where they are a target of practical jokes.

어휘 a lottery winners 복권 당첨자들 remain in ~로 남아있다 a target of practical jokes 장난의 대상

해석 갑작스레 얻은 부로 인해 많은 복권 당첨자는 장난의 대상이 되는 그들의 옛 동네에 계속 살기 어려워진다.

Reading Material 032

One of the first civilizations was developed in Egypt. From the written records and the art left by the Egyptians, much of their way of living is known.

어휘 civilization 문명 much of their way of living 그들의 많은 생활 방식

해석 최초의 문명들 가운데 하나가 이집트에서 발전되었다. 이집트인들에 의해서 남겨진 기록들과 예술 작품을 통해 그들의 생활 방식이 많이 밝혀졌다.

Reading Material 033

The streetcar swept past soot-blackened buildings. Stopping at each station, jerking again into motion. The conductor called street names in a tone that I could not understand. People got on and off the car, but they never glanced at one another. Each person seemed to regard the other as a part of the city landscape.

어휘 streetcar 시가 전차 soot-blackened 매연으로 검어진 jerk again into motion 다시 갑자기 획 출발하다 regard~as...: ~을 …으로 여기다

[해석] 전차가 매 정거장마다 멈추었다가 다시 갑자기 '획' 출발하면서 매연으로 검어진 건물들을 빠르게 지나갔다. 차장은 내가 이해할 수 없는 어조로 거리 이름들을 불렀다. 사람들이 전차에서 타고 내렸지만 결코 서로서로에게 눈길을 주지 않았다. 사람들은 각자 다른 사람들을 도시 풍경의 한 부분으로 간주하는 것 같았다.

Reading Material 034

The infant's eagerness **to speak and to learn names** is a major feature of the development of speech. Children have a mania for naming things. This deserves to be called a "hunter for names" since their learning of names is done neither mechanically nor with reluctance, but with enthusiasm.

[어휘] infant's eagerness 유아의 열의 feature 특징, 특색 deserve ~할 가치가 있다 mechanically 기계적으로 with reluctance 마지못해서 with enthusiasm 열광적으로

[해석] 유아가 사물의 이름들을 말하고 배울 때 보이는 열의는 언어 발달의 한 중요한 특징이다. 어린이들은 사물의 이름 부르기에 열광적이다. 이는 '이름 사냥'이라고 불릴 만한 가치가 있다. 왜냐하면, 그들이 이름을 배우는 것이 기계적으로나 마지못해서가 아니라 열성적으로 이루어지기 때문이다.

Reading Material 035

You know you have to "read between the lines" to get the most out of anything. I want to persuade you **to do something equally important in the course of your reading.** I want to persuade you to "**write between the lines.**"

[어휘] read between the lines 행간을 읽다, 함축된 의미를 파악하다 persuade~to V ~에게 V 하도록 설득하다 in the course of ~하는 도중에

[해석] 당신은 최대한 많은 것을 얻기 위해서는 "행간을 읽어야(속뜻을 파악해야)" 한다는 것을 알고 있다. 나는 독서 과정에서 당신이 똑같이 중요한 무언가를 하도록 설득하고 싶다. 나는 당신이 "행간에 적어야" 한다는 것을 설득하고 싶다.

Reading Material 036

Generally speaking, if a man enjoys everything he eats, it shows that he is perfectly healthy. If a man is ill, he will not enjoy his food, however costly it may be.

어휘 generally speaking 일반적으로 (말해서) costly 비싼

해석 일반적으로 말해서 어떤 사람이 먹을 수 있는 모든 것을 즐긴다면 그것은 그가 완벽하게 건강하다는 것을 보여주는 것이다. 만약 어떤 사람이 아프다면 아무리 비싼 음식이라고 하더라도, 그것을 즐길 수 없을 것이다.

Reading Material 037

His secretary was never late, **and was always willing to work beyond office hours when necessary.** Therefore, when she left the office to get married, he felt rather sorry for himself.

어휘 secretary 비서 be willing to 기꺼이 ~하다

해석 그의 비서는 결코 지각하지 않았고 필요하다면 항상 기꺼이 근무 시간을 넘어서까지 일을 하려고 했다. 그래서 그녀가 결혼하기 위해 사무실을 떠날 때 그는 다소 낙담했다.

Reading Material 038

When one minority race encounters such discrimination it tends to retreat into its own racial shell, so **to speak, for protection**. It shuns outsiders and clings even more closely to its own customs and traditions. And this, of course, only makes the situation worse.

어휘 minority race 소수 민족 encounter 우연히 마주치다 discrimination 구별, 차별 retreat 물러나다 racial shell 인종적 보호막 protection 보호 shun 피하다 so to speak = as it were 말하자면

해석 한 소수 민족이 우연히 인종차별에 부딪치게 되면 그는 자신의 인종적 보호막 속으로, 말하자면 보호를 받으려고 물러나는 경향이 있다. 그는 외부인들을 피하고 자기들 자신의 관습과 전통에 보다 열심히 집착한다. 또한 이것은 물론 상황을 더욱 악화시킬 뿐이다.

Reading Material 039

Women continue to strive for complete equality with men in this country, **and the women's liberation movement receives much attention these days.** Unfortunately, however, women still do not earn as much money for doing the same job as men and are not given as many employment opportunities as men.

> **어휘** strive 노력하다 liberation 해방 equality 평등 unfortunately 불행히도 employment opportunity 고용 기회
>
> **해석** 이 나라에서 여성들은 남성들과의 완전한 평등을 위해 계속해서 투쟁하고 있고, 여성 해방 운동은 요즘 더욱 많은 관심을 받고 있다. 그러나 불행히도 여성들은 여전히 동일한 일을 하면서 남성만큼 많은 돈을 벌지 못하고 남성만큼 많은 고용 기회를 가지지 못하고 있다.

Reading Material 040

If I were a great artist given to paint but one picture, I should depict a young mother sitting before the bed of a dying baby, **with the crushed father in the background.** In cases of tragedy the mother nearly always stands up better than the father.

> **어휘** depict 묘사하다 crush 짓밟다 tragedy 비극
>
> **해석** 만약에 내가 오로지 한 그림만을 그리도록 되어 있는 위대한 화가라면, 나는 한 죽어가는 아기의 침대 앞에 앉아있는 젊은 엄마와 좌절감에 혼이 빠진 아버지를 배경으로 묘사할 것이다. 비극의 경우 어머니가 아버지보다 거의 항상 잘 견딘다.

Lesson 05
관계사 구문

빈출핵심구문 맛보기

33 He went out after dinner, **which** was rare. (= and that)
(그는 저녁 식사 후에 외출하였는데, 그것은 매우 드문 일이었다.)

34 I am **not the man (which/that) I was** when you first knew me. (= what I was)
(나는 지금 당신이 처음으로 나를 알았던 때의 (과거의) 내가 아니다.)

35 A man's worth lies not in **what he has** but in **what he is**.
(사람의 가치는 그의 재산에 있지 않고 그의 인격에 있다.)

36 Choose **such** friends **as** will listen to you quietly.
(네 말에 조용히 귀를 기울이는 그런 친구를 선택하라.)

37 He saved **whatever little money** he earned. (= all the little money)
(그는 자기가 번 돈을 조금이라도 저축했다.)

38 **The time** surely arrives **when** the secret is revealed.
(비밀이 드러나는 때가 반드시 온다.)

39 Give that book to **whoever** wants to read it. (= anyone who)
(그 책을 읽고 싶어 하는 아무 사람에게 주어라.)

Reading Skill 033

관계사의 계속적 용법과 특수한 용법

❶ 관계대명사의 계속적 용법: 접속사 though, and, but, if, for + 대명사
The old man, **who** is poor, is quite contented. (= though he)
그 노인은 비록 가난하지만 매우 만족스러워 한다.

❷ 관계부사 when, where만 계속적 용법으로 쓰인다.
I played tennis until noon, **when** I had lunch. (= and then)
나는 정오까지 테니스를 쳤다. 그리고 나서 점심 식사를 했다.

❸ which 관계대명사의 선행사가 단어, 구, 절이 된다.
The master ordered me to approach, **which** I did. (= and it)
〈선행사가 to부정사〉
주인이 나에게 다가오도록 명령했고 나는 그대로 했다.

❹ I thought가 삽입절
I was deceived by the man **who I thought was my friend**.
(= I thought he was my friend.)
내가 친구라고 여겼던 사람에게 나는 사기를 당했다.

❺ I was deceived by the man **whom I thought to be my friend**.
(= I thought him to be my friend.)
내가 친구라고 생각하였던 사람에게 나는 사기를 당했다.

❻ 이중제한적 용법
There are many things **(which) you can do that others can't**.
당신이 할 수 있으나 다른 사람들이 할 수 없는 일들이 많이 있다.

Reading Skill 034

관계대명사의 주의할 격과 생략

❶ 소유격 관계대명사
The house the windows **of which** (of which the windows/whose

windows) are broken is unoccupied.
창문이 깨져있는 그 집은 빈 집이다.

❷ **사람의 성품을 나타내는 보격 관계대명사의 생략**
He always behaves himself as **the fine gentleman (that/which)** he is.
그는 훌륭한 신사로서 항상 신사답게 행동한다.

❸ **유도부사절 there [here] is가 주절에 있는 경우 뒤의 주격 관계대명사의 생략**
There is a man downstairs **(who)** wants to see you.
당신을 만나고 싶어하는 사람이 아래층에 있다.

❹ **대명사 none [some/all/neither/either] + of + 목적격 관계대명사~**
Both players, **neither of whom** reached the final, played well.
(= though neither of them~)
비록 둘 다 최종 선발까지 이르지는 못하였지만 두 선수는 경기를 매우 잘했다.

❺ **전치사 + 관계대명사 + to부정사**
Lend me something **with which (I am)** to write.
= Lend me something to write with.
내가 쓸 필기구를 좀 빌려주시오.

Reading Skill 035

관계대명사 what과 관계대명사 that 구문

❶ **what + be + 비교급**
He lost his way, **and what was worse**, it began to rain.
그는 길을 잃었는데, 설상가상으로 비가 오기 시작했다.

❷ He is **what you call [what is called] a fine gentleman**.
(= a so-called fine gentleman)
그는 소위(이른바) 훌륭한 신사이다.

❸ **What with** overwork and **(what with)** poor meals, she fell ill.
(what = partly)

한편으로는 과로 때문에 다른 한편으로는 빈약한 식사 때문에 그녀는 병이 들었다.

❹ Air is to us what [as] water is to fish.
공기와 우리 사이의 관계는 물과 물고기 사이의 관계와 같다.

❺ the only [same/very] 최상급/서수 + 선행사 + that 관계대명사
You are the **only friend that** really understands me.
당신은 정말로 나를 이해하는 유일한 친구이다.

❻ 선행사가 의문사인 경우 + that 관계대명사
Who that knows him can hate him?
그를 아는 사람 중에서 누가 그를 미워할 수 있겠는가?

❼ all + that 관계대명사절
All is well **that** ends well.
끝이 좋으면 모든 것이 좋다.

❽ 사람의 성품 · 직업 등의 보격 관계대명사 that
He fought bravely like **the hero that** he was.
그는 자기가 영웅인 것처럼 용감하게 싸웠다.

Reading Skill 036

유사관계대명사 as, but, than

❶ This is the same girl **as** I met in the park. (= the very girl that/whom)
이 아이가 내가 공원에서 만났던 바로 그 소녀이다.

❷ As many men **as** came were caught. (= all men that~)
온 사람은 모두 잡혔다.

❸ There is no one **but** loves his own country. (= that~not)
자기 나라를 사랑하지 않는 사람은 없다.

❹ Who is there **but** loves beautiful flowers? (= that~not)
아름다운 꽃을 사랑하지 않는 사람이 누가 있겠는가?

5 His illness was more serious **than** was supposed.
그의 병은 생각했던 것보다 더 심했다.

6 as의 선행사가 주절 전체
As is often the case with him, he has been late this morning.
늘 그렇듯이 그는 오늘 아침에도 지각했다.

7 as의 선행사가 주절 전체
As might have been expected, he refused our request.
예상했던 대로, 그는 우리의 요청을 거절했다.

Reading Skill 037

관계형용사 which, whatever

1 I may have to work late, in **which** case I'll telephone.
(= and in that case)
늦게까지 일을 해야 할 수도 있으니 그럴 경우에 전화하겠다.

2 You will soon be able to read **whatever** book you like.
(= any book that)
너는 곧 네가 좋아하는 어떤 책이나 읽을 수 있게 될 것이다.

3 The doctor told him to give up drinking, **which** advice he didn't follow. (= but that advice)
의사는 그에게 음주를 포기하라고 충고하였지만, 그는 충고를 따르지 않았다.

Reading Skill 038

관계부사 where, why, that, how

1 This is the point **where** you are wrong.
이것이 네가 잘못된 점이다.

❷ This is the reason **(why)** medicine sells well in Korea.
이러한 이유로 한국에서 약이 잘 팔린다.

❸ That is the way **(that)** we come to know the fact.
그러한 방법으로 우리는 사실을 알게 되었다.

❹ 관계부사의 선행사 생략
He told me **how** he had done the difficult task.
그는 나에게 그가 어떻게 그 어려운 일을 하였는지 말했다.

Reading Skill 039
복합관계사

❶ 양보의 부사절
Whoever may say so, he will not believe it. (= No matter who)
누군가 그렇게 말할지라도 그는 그것을 믿지 않을 것이다.

❷ You may come **whenever** it is convenient to you.
(= every time, at any time when)
당신이 편리할 때 아무 때나 와도 좋다.

❸ I will follow you **wherever** you go. (= to any place where)
나는 당신이 어디로 가든지 당신을 따르겠다.

❹ You may choose **whichever** you like. (= either or any that)
네가 원하는 무엇이든 선택해도 좋다.

❺ I'll give you **whatever** I have. (= anything that)
내가 가지고 있는 무엇이든 당신에게 주겠다.

앞에서 제시한 Reading Skill에서 익힌 구문을 독해할 때 적용하며 학습할 수 있도록 필요한 어휘, 숙어, 해석을 하단에 수록했다.
최상의 독해 능력을 배양할 수 있도록 글 전체의 내용을 깊이 있게 학습해 보자.
결국 어휘나 문법은 독해를 위한 기본 학습에 불과하다.

Reading Material 041

One of the main things we try to do in school is to give children a tool-language **with which to learn**, think, and talk about **the world they live in.**

어휘 with which to learn (전치사 + 관계사 + to부정사) the world (which) they live in

해석 우리가 학교에서 하도록 노력해야 할 중요한 것들 중 하나는 어린이들에게 그들이 살고 있는 세계에 대하여 배우고, 생각하고 그리고 말할 수 있는 도구인 언어를 제공하는 것이다.

Reading Material 042

In principle I am, to use a favorite Victorian word, partial to good works and self-abnegation. I hold, moreover, to the ancient theory **that happiness comes for the most part to those who are searching for something else.**

어휘 in principle 원리 원칙적으로 partial to ~을 편애하는 self-abnegation 자기 희생(헌신) ancient 고대의 for the most part 대개

해석 나는 원칙적으로, 빅토리아 시대의 말을 빌려 쓰자면, 선행과 자기 희생을 아주 좋아하는 편이다. 더구나 행복은 대부분 그 밖의 무엇인가를 추구하는 사람들에게 다가온다는 고대의 이론을 지지하고 있다.

Reading Material 043

From what I have seen round me at Oxford, and from my own personal experience as a teacher, I know **that young people can still study literature enthusiastically and with profit.**

어휘 personal experience 개인적 경험 literature 문학 enthusiastically 열광적으로 profit 이익

[해석] 제가 옥스퍼드에 있을 때 주변에서 본 것과 교사로서의 개인적인 경험을 바탕으로, 젊은이들은 여전히 문학을 열정적으로 공부할 수 있고 이익을 얻을 수 있다는 것을 압니다.

Reading Material 044

New machines are being made to do some kinds of work that people used to think had to be done by hand.

[어휘] that절 중 people used to think는 삽입절
[해석] 손에 의해서 이루어져야 한다고 전에 대부분의 사람들이 생각했던 어떤 종류의 일들이 지금은 기계들에 의해 이루어지고 있다.

Reading Material 045

One of the faults of a democracy is that whatever its government tries to do, it usually needs the support of most of the people, which sometimes can be hard to get. Even when the majority agrees, a minority of the people can oppose the government so strongly that delays, confusion, and even hatred may result. This is a price we must pay to have a democratic form of government.

[어휘] democracy 민주주의 the majority 다수 a minority 소수 oppose 반대하다 delay 지연 confusion 혼란 hatred 증오
[해석] 민주 국가의 결점들 가운데 하나는 정부가 무엇을 하려고 시도하던지 간에 보통 국민 대부분의 지지가 필요하고 때때로 그 지지를 얻는 것이 매우 힘들다는 점이다. 심지어 다수가 동의하는 경우에도 소수의 국민이 너무 강력하게 그 정부를 반대하여 지연, 혼란 그리고 심지어 증오의 결과를 초래할지도 모른다. 이것은 민주적인 정부 형태를 갖기 위하여 우리가 지불해야 하는 대가의 하나이다.

Reading Material 046

I cannot recall a case of man or woman who ever occupied any considerable part of my thoughts that did not contribute towards my moral or physical welfare.

[어휘] recall 회상하다 considerable 중요한 contribute ~에 기여하다 welfare 복지
[해석] 내 생각의 상당 부분을 차지하는 남자 혹은 여자 중에 나의 도덕적 혹은 신체적인 행복에 기여하지 않았던 경우는 기억나지 않는다.

Reading Material 047

If art were merely a record of the appearance of nature, the closest imitation would be the most satisfactory work of art, and the time would be fast approaching **when photography should replace painting.**

어휘 imitation 모방 approach 접근하다 replace 대신하다
해석 만일 예술이 단지 자연의 겉모습에 대한 단순한 기록이라면, 가장 근사하게 모방한 것이 가장 만족스러운 예술이 될 것이며 사진술이 회화를 대신해야 할 때가 빠르게 다가올 것이다.

Reading Material 048

It has been said that one of the reasons **why the English colonized so much of the world** was that, **whatever** the weather conditions they met abroad, they had already experienced something like them at home.

어휘 colonize 식민지로 만들다 at home 고국에서
해석 왜 영국인들이 전세계에 그렇게 많은 곳을 식민지로 만들었는가에 대한 이유들 중 하나는 그들이 해외에서 어떤 기상 조건을 만나든지 간에 그들은 고국에서 이미 그와 같은 것들을 경험했기 때문이라고 말들 한다.

Reading Material 049

Onions are an important underground crop. The part **that we eat** is really a bulb. It is the same part as gardeners plant to get flowers such as lilies.

어휘 onion 양파 underground crop 지하 농작물 bulb 구근 lily 백합
해석 양파는 중요한 땅속 농작물이다. 우리가 먹는 부분은 사실 구근이다. 그것은 정원사들이 백합 같은 꽃을 얻기 위해 심는 부분과 같은 부분이다.

Reading Material 050

He reads his favorite books **over and over again**. He says that whenever he reads them he finds new meanings and new beauties in them.

- 어휘 : over and over again 몇 번이고 되풀이하여(= repeatedly)
- 해석 : 그는 그가 좋아하는 책이라면 몇 번이고 되풀이해서 읽는다. 그는 책을 읽을 때마다 항상 그 속에서 새로운 의미와 새로운 아름다움을 발견한다고 말한다.

Reading Material 051

Together with guns and physical strength, independence and self-reliance are also a part of our picture of the ideal man. **This is why** our folklore is filled with stories of cowboys, gun-fighters, sheriffs, and mountain men.

- 어휘 : independence 독립 self-reliance 자기 의존 ideal 이상적인 folklore 민속, 민요 sheriff 보안관
- 해석 : 총과 체력과 더불어 독립심과 자립심 또한 우리가 생각하는 이상적인 남성상의 한 부분이다. 이것이 우리의 민속 이야기가 카우보이들, 총잡이들, 보안관들 그리고 산 사람들의 이야기들로 가득 차 있는 이유이다.

Reading Material 052

She never spoke of her first husband, and **it is only from other people that I have learnt what little I know about him.**

- 어휘 : what little I know about him = all the little that I know about him 그에 관하여 내가 알고있는 극히 적은 모든 것
- 해석 : 그녀는 그녀의 첫 남편에 대해 한 번도 말한 적이 없었고 조금이나마 내가 알고 있는 것은 다른 사람들을 통해서였다.

시간·장소 구문

빈출핵심구문 맛보기

40 **While** I was doing the shopping, she was cleaning the house.
(내가 장을 보고 있는 동안, 그녀는 집을 청소하고 있었다.)

41 They had **not** walked a mile **before** it began to rain in torrents.
(그들이 1마일도 걸어가지 못해서 비가 억수같이 쏟아지기 시작했다.)

42 **Hardly [Scarcely]** had he seen me **when [before]** he left the room.
(그는 나를 보자마자 그 방을 떠났다.)

43 **Once you've** seen one penguin, you've seen them all.
(일단 한 마리의 펭귄을 보았다면, 당신은 펭귄 모두를 본 것이나 다름없다.)

44 **While crossing** the street, I met with an accident.
(거리를 건너가고 있는 동안, 나는 우연히 사고를 당했다.)

45 We **are dining** out this evening.
(우리는 오늘 저녁 외식할 예정이다.)

46 It **must have rained** during the night.
(지난 밤새 비가 왔음에 틀림없다.)

Reading Skill 040

시간의 접속사 구문 (1)

① The teacher was going to explain, **when** the bell rang.
선생님이 설명하려고 하는데, 바로 그때 벨이 울렸다.

② I was about to say, **when** he stopped me.
내가 말을 하려는 순간, 그가 나를 제지했다.

③ **Just as** I got into the bath, the doorbell rang.
내가 목욕탕에 들어가려고 하는데 초인종이 울렸다.

④ I ran and ran, **until** I reached the station. (= and at last)
나는 계속 달려 마침내 정거장에 도착했다.

⑤ **As** one grows older, one's attitude towards facts changes. 〈추이〉
사람이 나이가 들어감에 따라 사실에 대한 태도가 변한다.

Reading Skill 041

주절을 종속절보다 먼저 해석하는 시간 구문

① I had not waited **long before** he came.
나는 그가 오기까지 오래 기다리지 않았다.

② I had gone some distance **when** I found my watch stolen.
어느 정도 가고 나서야 나는 시계를 도둑맞은 사실을 알았다.

③ It won't be **long before** he returns home.
= Soon he will return home.
곧 그가 집으로 돌아올 것이다.

④ It was **not until** yesterday that I learned the truth.
= Not until yesterday did I learn the truth.
어제가 되어서야 비로소 나는 그 사실을 알았다.

Reading Skill 042

~하자마자 표현 구문

1. **As soon as** I get there, I will write to you.
   그곳에 도착하자마자 당신에게 편지를 쓰겠다.

2. **The moment [instant/minute]** he heard the cry, he rushed into the room.
   비명 소리를 듣자마자 그는 방 안으로 달려 들어갔다.

3. **No sooner** had he opened the door than a man rushed in.
   그가 문을 열자마자 한 사람이 달려 들어왔다.

4. **Immediately [Instantly/Directly]** the button was pressed, the mine exploded.
   버튼을 누르자마자 그 지뢰가 폭발했다.

5. **On my getting** into the train, it began to move.
   기차에 오르자마자 기차가 움직이기 시작했다.

Reading Skill 043

시간과 장소의 접속사 구문 (2)

1. **Now (that)** we have decorated the house we can move in.
   이제 집을 장식하는 일이 끝났으니 우리는 이사할 수 있다.

2. **Whenever [Every time/Each time]** he goes out, he takes his umbrella with him.
   그가 외출할 때는 언제나 우산을 가지고 간다.

3. **By the time** I get to the station, the train will have left.
   내가 역에 도착하였을 때, 기차는 이미 떠나고 없을 것이다.

❹ The next time you do that, you'll be punished.
다음에 그 짓을 하면 너는 벌을 받을 것이다.

❺ You can stay with us **as long as** you like.
당신이 원하는 만큼 오랫동안 우리와 함께 머물러도 좋다.

❻ Where there is life, there is hope.
생명이 있는 곳에는 희망이 있다.

❼ You can't camp **where [wherever/anywhere]** you like these days.
요즘에는 당신이 좋아하는 곳에서 캠핑을 할 수 없다.

Reading Skill 044
준동사의 시간 관련 구문

❶ 동시 동작
He **stood looking** at the village.
그는 마을을 내려다보며 서 있었다.

❷ 동시 동작
He **lay** on his back, **with his eyes closed**.
그는 눈을 감고 똑바로 누워 있었다.

❸ 미래
I am sure of his passing the exam.
= I am sure that he will pass the exam.
그가 시험에 합격할 것을 나는 확신한다.

❹ I **spent two hours playing** the piano.
피아노를 치면서 나는 두 시간을 보냈다.

❺ It **took us two months to paint** the house white.
우리가 주택을 하얗게 칠하는 데 두 달이 걸렸다.

Reading Skill 045

미래, 습관 표현 구문

1 미래
My father **is to come here tomorrow**.
(= be going to~, be scheduled to~)
아버지가 내일 이곳에 오실 예정이다.

2 좋지 못한 습관
She is **always borrowing** something from me.
(= be constantly -ing)
그녀는 늘 내게 무엇인가 빌려가기만 한다.

3 과거의 지속적 상태, 습관
He **used to** live in London in those days.
당시 그는 런던에 살았다.

4 과거의 불규칙적 습관
He **would often** take a nap in the afternoon.
그는 오후에 낮잠을 자곤 했다.

Reading Skill 046

과거 표현 구문

1 과거의 이루지 못했던 기대
I **expected to** have come the next day.
= I expected to come the next day, but I didn't.
나는 그 다음날 올 예정이었으나 그렇게 하지 못했다.

2 과거 일에 대한 반성 · 후회 · 원망
You **should have worked** harder.
= I am sorry that you didn't work harder.
당신은 좀 더 열심히 일을 했어야 했다.

❸ 과거 일을 후회

He **repents** having wasted his time.
= He regrets that he has wasted his time.
그는 과거에 그의 시간을 낭비한 것을 후회한다.

❹ These gloves **are of her own knitting**.
= These gloves are knitted by herself.
이 장갑들은 그녀가 손수 짠 것이다.

❺ She **is said to** have been an actress.
= It is said that she was an actress.
그녀가 과거에 여배우였다고 사람들은 말한다.

앞에서 제시한 Reading Skill에서 익힌 구문을 독해할 때 적용하며 학습할 수 있도록 필요한 어휘, 숙어, 해석을 하단에 수록했다.
최상의 독해 능력을 배양할 수 있도록 글 전체의 내용을 깊이 있게 학습해 보자.
결국 어휘나 문법은 독해를 위한 기본 학습에 불과하다.

Reading Material 053

It was **not until** the shadow of the forest had crept far across the lake and the darkening waters were still **that** we rose reluctantly to put dishes in the basket and started on our homeward journey.

어휘 shadow 그림자 still 조용한, 잔잔한 reluctantly 마지못해서 homeward 집으로 향하는

해석 숲의 그림자가 호수를 가로질러 다가오고 점차 어두워지는 호숫물이 잔잔해지고 나서야 비로소 우리는 마지못해 접시들을 바구니에 담고 우리의 귀갓길에 올랐다.

Reading Material 054

He **had not been** a week at school **when** he grew homesick. Both his teacher and his friends did all they could, but his grief was too deep to be reasoned away.

어휘 homesick 향수병 grief 슬픔, 비탄 reason away 논리적으로 설득하여 없애다

해석 그가 학교에 들어간 1주일도 못 되어서 그는 향수병에 걸렸다. 선생님과 친구들이 그들이 할 수 있는 모든 일을 다 했지만, 그의 슬픔이 너무 깊어서 달랠 수가 없었다.

Reading Material 055

It was **not** long **before** Shaw was writing plays himself. A lot of things in the plays surprised the people who went to see them. The plays made everyone think. Before Shaw's time most of the people who went to the theatre to see a play never thought about it after they went home.

어휘 theatre 극장

해석 오래지 않아서 Shaw는 직접 희곡 작품들을 쓰기 시작했다. 그 작품에 나오는 많은 것들이 그것을 보러 간 사람들을 놀라게 했다. 그 희곡 작품들은 모든 사람들을 생

각하게 만들었다. Shaw의 시절 이전에는 연극을 보러 극장에 간 사람들 대부분은 집에 돌아가면 그 연극에 대해 생각한 적이 없었다.

Reading Material 056

The jet plane **had hardly** lifted off the runway at Los Angeles Airport **when** the passengers began to busy themselves with the things that would pass the time on the long flight to Boston. Some turned their eyes to the TV screen, waiting for the movie: others took out books and magazines.

[어휘] jet plane 제트 여객기 lift off 이륙하다 runway 활주로 passenger 승객 magazine 잡지

[해석] 제트 여객기가 로스앤젤레스 공항의 활주로를 이륙하자마자 승객들은 보스턴까지의 긴 비행 중에 시간을 때울 것들을 바쁘게 준비하기 시작했다. 어떤 이들은 영화를 기다리면서 TV 스크린에 눈을 돌렸고, 어떤 이들은 책과 잡지를 꺼냈다.

Reading Material 057

The moment you take up a book, you **immediately** enter a different world, and if it is a good book, you are immediately put in touch with one of the best talkers of the world.

[어휘] immediately 즉시 take up 취하여 들다 put in touch with ~와 접하다

[해석] 당신이 책을 집어 들자마자 당신은 즉시 다른 세계로 들어가고, 만약에 그것이 좋은 책이라면 당신은 즉시 세계의 가장 훌륭한 이야기꾼의 하나와 접촉하게 된다.

Reading Material 058

If a mother screams and calls him back **every time** her child climbs a tree or gets near the edge of a cliff, the child will eventually learn to be fearful and dependent.

[어휘] scream 소리치다 climb 오르다 cliff 벼랑 eventually 마침내, 결국

[해석] 만약에 자녀가 나무에 기어오르거나 절벽의 가장자리 가까이 갔을 때 어머니가 소리질러 그에게 돌아오도록 부르면, 그 아이는 결국 만사를 두려워하게 되고 의존하게 될 것이다.

Reading Material 059

It took almost ten years to complete the great statue. Its framework had been constructed by Eiffel, who was the builder of the Eiffel Tower. The statue was first built in Paris.

> 어휘　statue 동상　framework 전체의 구성　construct 구성하다　It take (사람) 시간 to 부정사: ~하는 데 (누구에게) ~의 시간이 걸리다
>
> 그 거대한 건축물을 완성하는 데 거의 10년이 걸렸다. 그 구조물은 Eiffel에 의해서 건축되었다. 그리고 Eiffel은 에펠탑의 건설자였다. 그 구조물은 처음에 파리에 세워졌다.

Reading Material 060

Everyone **should be respected** as an individual, but no one **should be admired** too much. It is an irony of fate for me to have invited a shower of admiration and esteem.

> 어휘　esteem 존경　admiration 존경, 흠모　an irony of fate 운명의 뜻밖의 결과
>
> 모든 사람은 개개인으로서 존중되어야 하며, 어느 누구도 지나치게 숭배되어서는 안 된다. 내가 숭배와 존경의 세례를 받게 된 것은 운명의 뜻밖의 결과이다.

Reading Material 061

Our police forces are not adequate for their jobs. Most of their time is spent not in pursuit of criminals but on noise complaints, first aid, and rescuing pet dogs and cats. They also spend too much time on **what are called** crimes without victims, such as drunkenness and gambling.

> 어휘　adequate 어울리는, 적당한　in pursuit of ~을 추적 중인　criminal 범죄의　complaint 불평　first aid 응급처치　rescue 구조하다　what are called 소위, 이른바　victim 희생자, 조난자　drunkeness 술에 취함　gambling 도박, 내기
>
> 해석　우리의 경찰력은 그들의 본연의 일에 적합하게 운영되지 못하고 있다. 그들의 대부분의 시간은 범죄자들의 추적이 아닌 소음에 대한 불평들, 응급처치 그리고 애완용 개나 고양이들을 구하는 데 쓰이고 있다. 그들은 또한 소위 희생자가 없는 범죄, 예를 들면 술주정, 도박 등에 너무 많은 시간을 쓰고 있다.

Reading Material 062

One day, **while deeply absorbed in** trying to solve some scientific problem, he went to the court house to pay his taxes. He had to stand in line for some time: and **when** his turn came, he actually forgot his own name. One of his neighbors, seeing his embarrassment, reminded him that his name was Thomas Edison.

어휘 be absorbed in ~에 몰두하다 embarrassment 당황 remind ~에게 …을 생각나게 하다 while (he was) deeply absorbed~ 너무 깊이 몰두한 상태로

해석 어느 날, 어떤 과학 문제를 해결하려고 깊이 몰두한 상태로 그는 세금을 내려고 법원에 갔다. 그는 잠시 동안 줄을 서서 기다려야만 했다. 그리고 그의 차례가 왔을 때 그는 그만 자신의 이름을 잊었다. 그의 이웃 사람이 그가 당황하는 것을 보고 그의 이름이 Thomas Edison이라고 일깨워 주었다.

Lesson 07

이유·원인 구문

빈출핵심구문 맛보기

47 **As** you are tired, you had better take a rest.
(당신은 피곤하니 쉬는 것이 좋겠다.)

48 **Seeing that** it is ten o'clock, we'll not wait any longer.
(10시가 되었기 때문에 우리는 더 이상 기다리지 않겠다.)

49 He was admired **because of** his originality.
(독창성이 있기 때문에 그는 존경을 받았다.)

50 You should **not** despise a man **because** he is poor.
(가난한 사람이라고 해서 경멸해서는 안 된다.)

51 He must be crazy **to behave like that**.
(그렇게 행동하는 것을 보니 그는 미쳤음에 틀림없다.)

52 The closure of the factory **resulted** in the loss of many jobs.
(공장 폐쇄는 많은 실직자를 야기시켰다.)

53 The storm **prevented** our plane **from taking off**.
(폭풍우 때문에 우리 비행기는 이륙할 수 없었다.) *무생물 주어 구문

Reading Skill 047

이유를 나타내는 접속사

1 **because: 직접적인 이유**
It is because I was involved in the accident that I am nervous of riding car.
사고를 당한 적이 있기 때문에 차를 타기가 무섭다.

2 **as, since: 알려진 이유**
Since you are a high school student, you must study harder.
너는 고등학생이니 더 열심히 공부해야 한다.

3 **for: 부연적 설명의 이유**
It must be false, **for** everyone says so.
그것은 거짓임에 틀림없다. 왜냐하면 모든 사람이 그렇게 말하기 때문이다.

4 **that절이 주격 보어**
The reason (why) she left him was that he treated her so badly.
그녀가 그를 떠난 이유는 그가 그녀를 너무 심하게 대했기 때문이다.

5 **that절 이하: 감정적 이유**
Who is he **that** he should treat me badly like this?
그가 누구인데 나를 이와 같이 심하게 대하는가?

Reading Skill 048

이유를 나타내는 접속사구

1 Men differ from brutes **in that** they can think and speak.
인간은 생각하고 말을 할 수 있다는 점에서 짐승과 다르다.

2 **시간 + 이유의 의미**
Now (that) you are a big boy, you must behave better.
이제 너는 큰 소년이니 좀 더 예의 바르게 행동해야 한다.

❸ She refuses to go on the ground **that** she has no money.
그녀는 돈이 전혀 없었기 때문에 가기를 거절했다.

❹ **Whereas** they have disobeyed the law, they will be punished.
(= because, since)
그들은 법을 어겼기 때문에 벌을 받게 될 것이다. 〈공문서 등에 사용〉

❺ The outcome of this was important **inasmuch** as it showed what human beings were capable of. (= seeing that, since~)
이 결과는 인간이 할 수 있는 능력의 한계를 보여주기 때문에 중요했다.

Reading Skill 049

이유나 원인을 표현하는 구

❶ The heavy traffic is **the reason for** the delay.
교통 혼잡 때문에 지연되었다.

❷ This discovery is **the result of** years of research.
이 발견은 수년 간 연구의 결과이다.

❸ The increase in crime **is due to** unemployment.
범죄의 증가는 실업 때문이다.

❹ **On account of** depression he closed the factory. (= because of)
불경기 때문에 그는 공장을 폐쇄했다.

❺ **Owing to** the heavy rain, we postponed our departure.
폭우 때문에 우리는 출발을 연기했다.

Reading Skill 050

not ~ because... *[...라고 해서 ~하지 않는다] 등 이유 상관어구

1 A mountain is **not** valuable **because** it is high.
산이 높다고 해서 가치가 있는 것은 아니다.

cf. That mountain is not valuable, because it is high.
그 산은 가치가 없다. 왜냐하면 높기 때문이다.

2 I remembered her **not because [not that]** she is beautiful **but because [but that]** she has a talent for music.
아름다워서가 아니라 음악적 재능이 있기 때문에 그녀를 기억했다.

Reading Skill 051

이유의 준동사 구문

1 **Not knowing** what to say, I remained silent. (= As I didn't know~)
무엇이라고 말을 해야 할지 몰랐기 때문에 나는 침묵을 지켰다.

2 독립분사구문
There being no bus service, I had to walk all the way to the temple. (= As there was no bus service~)
버스편이 없었기 때문에 나는 절까지 내내 걸어가야만 했다.

3 He was nervous from **having** never spoken in public.
그는 대중 앞에서 연설해 본 적이 없었기 때문에 초조했다.

Reading Skill 052

이유 표현의 동사(구)와 전치사

1 Dangerous driving **causes [brings about/leads to/gives rise to]** road accidents.

위험한 운전이 교통사고를 초래한다.

❷ We **blamed** him **for** coming so late.
우리는 그가 너무 늦게 와서 야단을 쳤다.

❸ I owe my success **to** good luck.
나의 성공은 행운 덕분이다.

❹ She **is shivering with** cold.
그녀는 추위로 떨고 있다.

❺ We've **lost** our way **through** your stupidity.
우리는 너의 어리석음 때문에 길을 잃었다.

Reading Skill 053
이유 표현 무생물주어 구문

❶ **Television** enables us to watch sports events in our room.
= Thanks to television, we can watch sports events in our room.
텔레비전 덕분에 우리는 방안에서 스포츠 경기를 시청할 수 있다.

❷ **Her father's sudden death** forced her to give up college.
= She had to give up college because her father died suddenly.
아버지의 갑작스러운 죽음 때문에 그녀는 대학을 포기해야 했다.

❸ **The simplicity of the book** makes it suitable for children.
= This book is suitable for the children because of the simplicity of it/because it is simple.
이 책은 단순하기 때문에 어린아이들에게 적합하다.

❹ **The noise** kept me from sleeping last night.
= I couldn't sleep last night because of the noise.
소음 때문에 어젯밤 나는 잠을 잘 수 없었다.

앞에서 제시한 Reading Skill에서 익힌 구문을 독해할 때 적용하며 학습할 수 있도록 필요한 어휘, 숙어, 해석을 하단에 수록했다.
최상의 독해 능력을 배양할 수 있도록 글 전체의 내용을 깊이 있게 학습해 보자.
결국 어휘나 문법은 독해를 위한 기본 학습에 불과하다.

Reading Material 063

Nations, like individuals, have their prejudices, their superstitions, and their vices. All these are of course the result of ignorance or of selfishness, or of both together. But perhaps we had better say roundly that all the evil in this world is the result of ignorance, **since** selfishness itself could not exist but for ignorance.

어휘 individual 개인 prejudice 편견 superstition 미신 vice 악습, 악덕 ignorance 무지 roundly 단호히 selfishness 이기주의 had better ~하는 것이 좋다 but for ignorance = if it were not for ignorance 무지가 없다면

해석 개인과 마찬가지로 민족들도 그들만의 편견, 미신 그리고 악습을 갖고 있다. 이 모든 것은 물론 무지 또는 이기주의 또는 이 둘이 합해진 결과이다. 그러나 아마도 이 세상의 모든 악은 무지의 결과라고 단호히 말하는 것이 더 옳을지도 모른다. 왜냐하면 무지가 없었다면 이기주의 그 자체가 존재할 수 없을 것이기 때문이다.

Reading Material 064

There is prejudice against the Jews in this country. Some of it **is due to** their wealth and influence. Many Gentile (meaning non-Jewish) Americans resent only 3.5 percent of our population having so much wealth and power. Most of the Jews in our midst support the state of Israel and send it many millions of dollars yearly.

어휘 prejudice 편견 be due to ~때문이다 resent 원망하다 population 인구 yearly 매년 in the midst ~의 (한)가운데

해석 이 나라에는 유태인에 대한 편견이 있다. 편견 중의 어떤 것은 그들의 부와 영향력에 기인한다. (비유태인을 의미하는) 많은 이교도 미국인들은 단지 인구의 3.5%만을 차지하는 그들이 그렇게 많은 부와 권력을 갖고 있는 것을 원망한다. 우리들 가운데 있는 대부분의 유태인들은 이스라엘을 지지하며 매년 수백만 달러를 그곳으로 송금한다.

Reading Material 065

It is strange that men should be afraid to die. **For** death is a necessary end and it will come when it will come.

> **어휘** necessary 필요한 for(접속사) 왜냐하면
>
> **해석** 사람들이 죽음을 두려워하는 것은 참 이상하다. 왜냐하면 죽음은 피할 수 없는 종말이기 때문이며, 그것은 때가 되면 오는 것이기 때문이다.

Reading Material 066

Often I hoped that the play would be called off **on account of** bad weather—but the referee would show no mercy! Games were compulsory for all boys in good health, and there was no getting out of them. Even when they were not compulsory—as happened on occasion—my mother insisted on our taking part, no matter what the weather might be!

> **어휘** call off (= cancel) 취소하다 referee 중재인 mercy 자비 compulsory 강제적인 there is no -ing ~하는 것은 불가능하다 insist on ~을 주장하다 an account of ~때문에
>
> **해석** 종종 나는 나쁜 날씨 때문에 경기가 취소되기를 바랐지만, 심판은 전혀 자비심을 베풀려 하지 않았다. 경기들은 건강한 모든 소년들에게 의무적이었으며 거기서 벗어나는 것은 불가능했다. 심지어 경기들이—가끔 그랬던 것처럼—의무적이지 않을 때조차 어머니는 날씨가 어떻든간에 우리가 참여할 것을 고집했다.

Reading Material 067

He fired his gun at them. **Thoroughly frightened** at the unusual noise, the savages ran off, leaving behind them the man they had intended to kill.

> **어휘** thoroughly 완전히 savage 야만의, 야만인 run off 도망치다 Thoroughly frightened~ = As they were thoroughly frightened~
>
> **해석** 그는 그들에게 총을 쏘았다. 그 미개인들은 뜻밖의 총소리에 깜짝 놀라서 그들이 죽이려고 했던 그 사람을 내버려두고 도망쳤다.

Reading Material 068

Some sources of frustration can be found within the individual himself. His own limitations may **prevent** him **from achieving** certain goals.

- 어휘) frustration 좌절 limitation 한정 prevent~from -ing ~이 …하는 것을 방해하다
- 해석) 좌절의 근원 중 어떤 것들은 그 사람 개인에게서 찾을 수 있다. 그 자신의 한계는 그가 특정한 목적을 달성하는 것을 방해할 수도 있다.

Reading Material 069

It is **not because** he was lacking in ability **but because** he was lacking in sincerity that with all his learning he could not become respected by people.

- 어휘) not because~but because… ~때문이 아니고 …때문이다 sincerity 성실 It is~ that… (강조구문)
- 해석) 학식에도 불구하고 그가 사람들에게 존경받을 수 없었던 이유는 능력이 부족했기 때문이 아니라 성실성이 부족했기 때문이다.

Reading Material 070

Lord Byron boasted that he could repeat all the verses that he ever wrote: but Sir Walter Scott, on the other hand, had a poor memory. He once praised one of his own poems very highly, **thinking that** Byron had written it.

- 어휘) boast 자랑하다 repeat 되풀이하다 verse 운문, 시 thinking that~ = because he thought that~
- 해석) Byron 경은 그가 전에 지은 모든 시들을 암송할 수 있음을 자랑했다. 반면 Walter Scott 경은 기억력이 좋지 못했다. 그는 전에 자기 자신의 시 중 한 편을 Byron이 지었다고 생각하면서 매우 높이 평가했다.

Reading Material 071

What with the hum of human voices, the lowing of cattle, the squeaking of pigs, and the laughter of the merry-andrew the market place was in very great confusion.

> **어휘** hum 허밍, 콧노래 low (소가) 음메하고 울다 cattle 소 squeak 꿀꿀대며 울다 merryandrew 어릿광대
>
> **해석** 사람들의 콧노래 소리, 소의 음메하는 소리, 돼지의 꿀꿀거리는 소리 그리고 어릿광대의 웃음소리 때문에 시장은 매우 혼잡한 상태였다.

Reading Material 072

A man is not a fool **because** he does **not** understand your technical language, **any more than** an American is a fool **because** he does not understand Persian.

> **어휘** technical language 기술적 용어 not~any more than… ~가 아닌 것은 …가 아닌 것과 같다
>
> **해석** 미국인이 페르시아어를 이해하지 못한다고 바보가 아니듯이, 어떤 사람이 당신의 기술 용어를 이해하지 못한다고 해서 바보라고 할 수는 없다.

Reading Material 073

The deflation of the father figure in modern society may at least be partly **responsible for** the present problems of teenagers, and **while** it is popular to lay the blame for their poor social adjustment on lack of discipline in the home and parental irresponsibility, it should be remembered that the whole trend of recent industrial development has been to take the father out of the home and to encourage the mother to seek full-time employment also.

> **어휘** responsible for ~을 책임지다 adjustment 조정 discipline 훈련, 규율 recent 최근의 deflation 가치 하락 the father figure 아버지의 상(위상) parental irresponsibility 부모의 무책임
>
> **해석** 현대 사회에서 아버지상의 가치 하락은 적어도 현대 청소년들(10대) 문제에 부분적으로 책임이 있을지도 모른다. 그리고 그들이 사회에 적절히 적응하지 못하는 원인을 가정과 부모의 무책임에 두는 것이 일반적 경향이지만, 최근의 산업 발달의 전반적 추세가 아버지를 가정에서 빼앗아가고 또한 어머니에게 전업적인 직장을 구하도록 부추겨 왔다는 사실을 기억해야만 할 것이다.

목적·결과·양태 구문

빈출핵심구문 맛보기

54 He walked slowly **so that** she could catch up with him.
(그는 그녀가 따라올 수 있도록 천천히 걸었다.)

55 I lived in the city center **lest** I **should** be too far from my job.
(직장에서 너무 멀리 떨어지지 않도록 나는 시내 중심에 살았다.)

56 As the lion is king of beasts, **so** is the eagle king of birds.
(사자가 맹수의 왕인 것처럼 독수리는 새의 왕이다.)

57 He spoke **so** eloquently **that** he moved us to tears.
(그는 너무 말을 잘 해서 눈물이 날 정도로 우리를 감동시켰다.)

58 The coffee is **too** bitter **for** me **to drink**.
(커피가 너무 써서 나는 마실 수가 없다.)

59 I lost my key, **so (that)** I had to wait till my wife returned.
(나는 열쇠를 잃어버려서 아내가 돌아올 때까지 기다려야 했다.)

Reading Skill 054

so that ~ *[~하도록] 목적 표현 구문

1 He opened all the windows **so that** he might let in fresh air.
신선한 공기가 들어오도록 그는 모든 창문을 열었다.

2 I started early **so that [in order that]** I might not miss the train.
기차를 놓치지 않도록 나는 일찍 출발했다.

cf. I walked fast **so as to [in order to]** be in time for school.
수업시간 내에 도착할 수 있도록 나는 빨리 걸었다.

cf. Computers are used for **the purpose of [with a view to/with the view of]** processing information.
컴퓨터는 정보를 처리하기 위해서 쓰인다.

Reading Skill 055

lest ~ should... *[~하지 않도록] 부정 목적 표현 구문

1 Be careful **lest** you **should** fall from the tree.
나무에서 떨어지지 않도록 조심해라.

2 She was anxious **lest** she **should** be late for school.
그녀는 지각하지 않나 하고 애가 탔다.

cf. He walked carefully **for fear (that)** the milk should be spilt.
우유가 쏟아지지 않도록 그는 조심스럽게 걸었다.

cf. Be careful **not to [so as not to/in order not to]** miss such a good opportunity.
그런 좋은 기회를 놓치지 않도록 조심하여라.

cf. I hid the letter **for fear of** him seeing it.
그가 보지 않도록 나는 편지를 감추었다.

Reading Skill 056

as ~ , so... *[~가 ~이듯이, ...도 ...이다] 양태 구문

❶ As you treat me, **so** I'll treat you.
네가 나를 대접했듯이 나도 너를 대접할 거야.

❷ As the earth moves round the sun, so does the moon round earth.
지구가 태양의 주위를 도는 것과 마찬가지로 달은 지구의 주위를 돈다.

cf. Water **is to** fishes **what [as]** air **is to** men.
물과 물고기 사이의 관계는 공기와 사람 사이의 관계와 같다.

cf. She walks in **the same** way **as** her mother used to.
그녀는 과거에 그녀의 어머니가 걷던 모습대로 걷는다.

Reading Skill 057

so ~ that... *[너무 ~해서 ...하다] 원인, 결과 구문

❶ You are **so** old **that** you should know better.
= You are **so** old **as to** know better.
= You are old **enough** to know better.
철이 들 만큼 너는 나이가 들었다.

❷ His grief was **so** great **that** everyone was afraid to speak to him.
그의 슬픔이 너무나 커서 모든 사람이 그에게 말 걸기를 꺼렸다.
= His grief was **such that**~
= He was so grieved **that**~
= **Such** was his grief **that**~
그가 너무나 슬퍼하여 모든 사람이 그에게 말 걸기를 꺼렸다.

cf. He was **so** kind **as to** show me around the town.
그는 친절해서 나에게 마을을 두루 안내하여 주었다.
(= 그는 나에게 마을을 두루 안내해 줄 정도로 친절했다.)

Reading Skill 058

too ~ to... *[너무 ~ 해서...하지 않는다] 원인, 결과 구문

① He is not **too** old to **do** the task.
그는 그 일을 할 수 없을 정도로 나이가 들지 않았다.
= He is not **so** old **that** he cannot do the task.
= He is young **enough to** do the task.
그는 그 일을 할 수 있을 정도로 젊다.
= **However old he may be**, he can do the task.
아무리 나이가 들었다고 하더라도 그는 그 일을 할 수 있다.

② The sight was **too** harrowing to look at.
그 광경은 차마 볼 수 없을 만큼 애처로운 것이었다.

③ He is **too ready [apt/willing] to** get angry.
= He **is** extremely **ready to** get angry.
그는 걸핏하면 화를 낸다.

Reading Skill 059

so (that) ~ *(= , therefore ~) 결과구문

① An orphan stood the test **so (that)** he become the governor of the state.
어떤 고아는 시험을 이겨내어 주지사가 되었다.

② The criminal went off **so (that)** no one could find him.
범인은 아무도 자신을 찾을 수 없도록 은둔했다.

cf. I visited him **only to** find him absent.
= I visited him, **but** I found him absent.
그를 방문하였지만 그가 없는 것을 알았다.

cf. He left his home town, **never to return**.
(= , **and** he never returned.)
그는 고향을 떠난 후 다시 고향으로 돌아오지 않았다.

cf. Much to the delight of his friends, he was recovered.
= His friends were **much delighted that** he was recovered.
그의 친구들에게 매우 기쁘게도 그는 다시 회복되었다.

cf. Terrorists' attacks have been predicted. **Consequently [Thus/ Hence]** security has been strengthened at Kimpo Airport.
테러리스트들의 공격이 예고되었다. 따라서 김포공항에 보안조치가 강화되었다.

앞에서 제시한 Reading Skill에서 익힌 구문을 독해할 때 적용하며 학습할 수 있도록 필요한 어휘, 숙어, 해석을 하단에 수록했다.
최상의 독해 능력을 배양할 수 있도록 글 전체의 내용을 깊이 있게 학습해 보자.
결국 어휘나 문법은 독해를 위한 기본 학습에 불과하다.

Reading Material 074

We must clean up our rivers as soon as possible **in order to** bring back the romantic summer nights of the fireflies.

[어휘] clean up 청소하다 romantic 낭만의 firefly 개똥벌레 in order to~ ~하도록
[해석] 우리는 개똥벌레가 날아다니는 낭만적 여름밤을 되돌릴 수 있도록 가능한 한 빨리 우리의 강을 깨끗하게 청소해야 한다.

Reading Material 075

I had never tried a roller coaster till then. I held fast to the handrail of the car **so as not to** be thrown off.

[어휘] roller coaster 놀이터의 놀이기구 handrail 난간 so as not to~ ~하지 않도록 throw off 내팽개치다
[해석] 나는 그때까지 결코 롤러코스터를 타본 적이 없었다. 나는 튕겨져 나가지 않도록 롤러코스터 차의 난간을 꽉 붙잡았다.

Reading Material 076

My mother was always a little troubled by my lack of beauty, and I knew it as a child senses such things. She tried very hard to bring me up well **so** my manners would in some way compensate for my looks, but her efforts only made me more keenly conscious of my shortcomings.

[어휘] bring up ~을 기르다, 양육하다 looks 표정, 모습(= appearances) compensate for ~을 보상하다 keenly 예리하게 shortcoming 결점 be conscious of ~을 인식하다
[해석] 나의 어머니는 내가 아름다움이 부족한 것에 대해서 항상 약간 걱정을 하셨고, 어린 아이들이 그런 것을 잘 느끼는 것처럼 나도 그것을 알고 있었다. 어머니는 나의 몸가짐이 나의 외모를 어느 면에서 보완해 줄 수 있도록 나를 잘 양육하려고 매우 열

심히 노력하셨지만, 어머니의 노력은 오히려 내가 나의 결점들을 더 예민하게 의식하도록 만들 뿐이었다.

Reading Material 077

In America, the boys are expected to be aggressive in asking for dates. The girls make themselves pretty and try to be good company **so that** they will be asked for dates.

[어휘] aggressive 진취적인

[해석] 미국에서, 소년들은 데이트를 신청함에 있어 적극적으로 행동할 것이 요구된다. 소녀들은 데이트 신청을 받을 수 있도록 예쁘게 꾸미고 다정한 친구가 되도록 노력한다.

Reading Material 078

There are many people in this world, who only refrain from doing things which they should not, **for fear that** the other people might know what they have done.

[어휘] refrain from -ing ~하는 것을 자제하다(금하다)

[해석] 이 세계에는 다른 사람들이 자신이 한 일을 알게될까 두려워서, 해서는 안될 일을 자제하는 사람들이 많다.

Reading Material 079

We usually **take for granted** our ability to produce and understand speech and give little thought to its nature and function, just as we are not particularly **aware of** the action of our hearts, brains, or other essential organs.

[어휘] take for granted ~을 당연한 것으로 여기다 function 기능 be aware of ~을 알다, ~을 인식하다 essential 필수적인, 절대로 필요한

[해석] 우리들은 말을 하고 이해하는 능력을 대개 당연한 것으로 여기고, 그 능력의 특성과 기능에 대해 거의 신경을 쓰지 않는다. 이는 마치 우리가 우리의 심장, 두뇌 혹은 다른 필수 기관들의 작용을 특별히 인식하지 않는 것과 마찬가지이다.

Reading Material 080

In relation to nature, early man was **so** weak and nature so strong **as to** make man almost her slave. It was natural, **therefore**, that he should have dreamed of a future in which relative positions would be reversed, a time when he would be the master and nature the slave.

어휘 slave 노예 relation 관계 relative 상대적 reverse 바꾸어 놓다

해석 자연과의 관계에서 원시인들은 너무 약했고 자연은 인간을 거의 노예로 만들 정도로 강했다. 따라서 상대적 위치가 역전될 미래, 즉 인간이 주인이 되고 자연이 노예가 되는 때를 꿈꾸어 온 것은 당연한 일이었다.

Reading Material 081

He drove his teachers to despair. They declared that he was addlebrained, that he was **too** stupid **to** learn, and the doctors even predicted he would have brain trouble, **for** his head had an extraordinary shape.

어휘 despair 절망 declare 단언하다 addlebrained 우둔한 predict 예측하다 stupid 어리석은 extraordinary 이상한

해석 그는 그의 선생님들을 실망시켰다. 그들은 그가 우둔하고 너무 어리석어서 배울 수 없다고 단언하였으며, 의사들은 심지어 그의 머리가 이상한 모양을 하고 있어 뇌에 이상이 발생할 것이라고 예견했다.

Reading Material 082

They made light of his popularity, considerable as it was. But when it was grown to **such** a height **that** it was almost impossible to ruin it, they found out, when it was too late, that no beginnings of things, however small, are to be neglected.

어휘 neglect 무시하다 make light of ~을 가볍게 여기다 popularity 인기도

해석 그들은 비록 그의 인기가 상당하였지만 대수롭지 않게 여겼다. 그러나 그의 인기가 너무 높이 올라가서 그것을 떨어뜨리는 것이 거의 불가능하게 되었을 때, 그들은 너무 늦기 전에 아무리 작은 것이라 할지라도 어떤 일의 시작을 결코 무시해서는 안 된다는 것을 깨달았다.

Reading Material 083

Year after year, **to my great delight**, the swallows used to return from Africa to rebuild their nest in exactly the same place, under the caves outside my bedroom window. Only once did they make a mistake, when they began to build their nest inside an old, disused brick chimney attached to an outhouse.

[어휘] rebuild 재건하다 disuse 폐기하다 brick 벽돌 attach 부착하다 outhouse 옥외 화장실 to one's great delight ~에게 크게 기쁘게도

[해석] 매우 기쁘게도 해마다 제비들이 아프리카에서 돌아와 나의 침실 창문 밖 굴 밑의 정확하게 동일한 장소에 둥지를 틀곤 했다. 단 한 번 제비들이 실수를 했는데 그때 그들은 옥외 화장실에 붙어있는 사용하지 않는 낡은 벽돌 굴뚝 안에 그들의 둥지를 틀기 시작했다.

Reading Material 084

The department stores also observe the seasons with the greatest rigidity, **so that** it is useless to seek for mosquito nets or coils of mosquito incense after the traditional end of summer, though in fact mosquitoes persist throughout the autumn and even into the early days of winter.

[어휘] rigidity 완고, 고집 mosquito net 모기장 mosquito incense 모기향 persist 고집하다, 지속하다 autumn 가을

[해석] 백화점들은 매우 엄격하게 계절을 지킨다. 그래서 비록 모기들이 사실상 가을철 내내 그리고 심지어 초겨울까지 계속 버티지만, 전례대로 여름이 끝난 후에는 모기장 또는 코일 형태로 된 모기향을 찾는 것이 쓸데없는 일이 된다.

조건·가정 구문

빈출핵심구문 맛보기

60 He **could have done** much better on the test, if he **had prepared** for it.
(그가 시험 준비를 했더라면 훨씬 잘 했을 텐데.)

61 One more silly practical joke like that, **and** you are fired.
(한 번만 더 그와 같은 어리석은 농담을 하면 너는 해고다.)

62 a) He behaved **as if** he **had** nothing to do with it.
(그는 마치 그 일과는 아무런 관계가 없는 듯이 행동했다.)

b) **I wish** this house **were** a little sunnier.
(이 집에 햇볕이 좀 더 들어왔으면 좋겠어.)

63 **Without your** foolishness, we should never have been in this plight.
(네가 어리석지만 않았더라도 우리가 이런 곤경에 처하지는 않았을 텐데.)

64 You may go out **on condition that** you return before sunset.
(해가 지기 전에 돌아온다면 나가도 좋다.)

65 **If only** the plane had landed on time!
(비행기가 제시간에 착륙했더라면!)

Reading Skill 060

가정법 문장으로 사실과 반대되는 내용 표시

1 가정법 과거
If I **had** much money to spare, I **would** do a lot of good things.
돈에 여유가 있다면 착한 일을 많이 할 텐데.

2 가정법 과거완료
If he **had been** a wise man, he **would have been** contented with his lot.
현명한 사람이었다면 그는 자기 운명에 만족했을 텐데.

cf. He **couldn't** do much better on the test, **as** he didn't prepare for it. (직설법)
시험 준비를 하지 않았기 때문에 그는 시험을 잘 치를 수가 없었다.

Reading Skill 061

명령문을 활용한 가정의 표현

1 **Go** straight on along this street, **and** you will be in front of the station.
이 길을 따라 죽 가면 역 앞에 이르게 될 것이다.

2 One more push, **and** you will succeed.
한 번만 더 노력하면 성공할 것이다.
*push(분발, 노력)

3 **Ask of** me any gift you please, **and** you shall have it.
(You shall have it. = I will give it to you.)
네가 원하는 선물이라면 무엇이든 주겠다.

4 **Study** English as hard as you can, or you will be unable to master it at all.
할 수 있는 한 영어공부를 열심히 해라. 그렇지 않으면 결코 영어를 정복할 수 없을 것이다.

5 Whoever broke the window **had better own up**, or I shall punish the whole class.
유리창을 깬 녀석은 누구든 고백하는 게 좋을 거야. 그렇지 않으면 반 전체를 벌주겠다.
*own up(자백하다)

6 명령문, and[or] + S + V(~하여라, 그러면[그렇지 않으면] ~할 것이다)
One more silly practical joke like that, and you are fired.
한 번만 더 그와 같은 어리석은 농담을 하면 너는 해고다.

Reading Skill 062

as if[though] + 가정법/I wish + 가정법

a) as if[though] + 가정법 문장의 표현/as if + to부정사구의 표현

1 She spoke dreamily **as if** she was thinking of something else.
그녀는 마치 다른 것을 생각하고 있는 것처럼 꿈꾸듯이 말했다.
(현대 영어에서는 as if 뒤에 직설법 문장을 쓰기도 한다.)

2 We have always got to school on time so far, but today it looks **as though** we are going to be late for once.
우리는 지금까지는 학교에 언제나 제시간에 도착했지만, 오늘은 딱 한 번 지각할 것 같다.

3 When she entered my study, I turned away **as if** to dislike her.
그녀가 내 서재에 들어왔을 때, 나는 마치 그녀를 싫어하는 것처럼 외면했다.

b) I wish + 가정법 문장의 표현

1 I heartily **wish** that in my youth I **had had** someone of good sense to direct my reading.
젊은 시절에 나에게 책 읽는 것을 지도해 줄 분별력 있는 사람이 있었더라면 얼마나 좋았을까.
(현대 영어에서는 I wish + 직설법을 자주 쓴다.)

2 I **wish** the government **would** lower income tax rates.
정부에서 소득세 비율을 낮추었으면 좋겠어.

cf. We hope that our sons will grow up to be reliable men.
= We wish that our sons would grow up to be reliable men.
우리 아들들이 믿음직한 사람으로 성장하기를 바란다.

Reading Skill 063

with, but for, with, otherwise 등의 부사(구), 부정사구, 분사구, 문장의 주어, 관계절 등에 가정법 if 조건절이 내포되어 있다.

① **But for** the constant encouragement of my mother, I would never have become a pianist.
(= If there had not been~, If it had not been for~)
어머니께서 꾸준히 용기를 북돋아주지 않았더라면 나는 피아니스트가 될 수 없었을 것이다.

② **With** a good assistant, you would be able to do the work more efficiently.
훌륭한 조수가 있다면 너는 좀더 능률적으로 일을 할 수 있을 텐데.

③ It's perfectly harmless, **otherwise** I wouldn't have done it.
그 일은 전혀 해롭지 않다. 그렇지 않다면 나는 그 일을 하지 않았을 것이다.

④ It would be a great mistake **to think** whatever foreigners do is worth imitating.
외국인들이 하는 것은 모두 모방할 가치가 있다고 생각하는 것은 굉장한 잘못일 것이다.

⑤ The same thing, **happening** in wartime, would cause a great disaster.
똑같은 일이 전시에 일어난다면 엄청난 재앙을 가져올 텐데.

⑥ The house, **whose paint had not been cracked**, would have been sold earlier.
(= if its paint had not been cracked,)
그 집의 페인트가 벗겨지지 않았더라면 더 일찍 팔렸을 텐데.

⑦ **A good athlete** would not neglect his health.
훌륭한 운동선수라면 건강을 소홀히 하지는 않을 텐데.

⑧ I would not do such a thing **in your place**.
(= if I were in your place)
내가 너라면 그런 일을 하지 않을 것이다.

Reading Skill 064

조건의 부사절에서 if 대용

① **Unless** you had force of character and physical strength, you could not succeed in life.
강인한 성격과 튼튼한 육체가 없으면 인생이 성공할 수 없을 것이다.

② **In case** you are taken ill on the way, this medicine will put you right.
도중에 병이 난다면 이 약이 너를 건강하게 해줄 것이다.

③ The hostages will not be freed **so long as** the authorities refuse to pay the ransom.
당국에서 몸값을 지불하지 않는 한 인질은 석방되지 않을 것이다.

④ We can only do the job for you **on condition that** the work is paid for in advance.
선불을 조건으로 우리는 그 일을 할 수 있습니다.

⑤ **Suppose** you had a sum of money—say, a thousand dollars, what would you do with it?
가령 천 달러 정도의 돈이 있다면 당신은 그것으로 무엇을 하겠는가?

⑥ I will accompany you **provided that** I am well enough.
내 건강이 충분히 좋아지면 당신과 동행하겠다.

⑦ **Granting** that it is true, it does not concern me.
그것이 사실이라고 하더라도 나와는 상관없는 일이다.

⑧ He does not care whom he deprives of enjoyment, **so that (= if only)** he can obtain it.
그는 자기가 즐거움을 얻을 수만 있다면 그 즐거움을 누구에게서 빼앗느냐 하는 것은 상관하지도 않는다.

⑨ **In case of** bad weather, the rocket launching will be put off.
날씨가 나쁘면 로켓 발사는 연기될 것이다.

107

cf. unless/if~not, on condition that, supposing/supposed that, providing/provided that, granting/granted that, in case that/in case of + N, so that, so long as 등

> **Reading Skill 065**
>
> **간절한 소망을 나타내는 표현에는 How I wish, Would that, If only, Oh that 등이 있다.**

❶ **How I wish** I could visit Cyprus once more!
Cyprus에 한 번 더 가볼 수만 있다면!

❷ **Would that** the fog should clear away!
제발 안개가 걷혔으면!

❸ Ah! **If** our mother could **only** have such beautiful things!
아, 어머니께서 저렇게 아름다운 물건을 가지실 수만 있다면!

❹ **Oh that** you were here with me now!
당신이 지금 나와 함께 있다면!

앞에서 제시한 Reading Skill에서 익힌 구문을 독해할 때 적용하며 학습할 수 있도록 필요한 어휘, 숙어, 해석을 하단에 수록했다.
최상의 독해 능력을 배양할 수 있도록 글 전체의 내용을 깊이 있게 학습해 보자.
결국 어휘나 문법은 독해를 위한 기본 학습에 불과하다.

Reading Material 085

Liberty is the right of doing whatever the laws permit; and if a citizen **could** do what they forbid, he would be no longer possessed of liberty, because all his fellow citizens would have the same power.

어휘 be possessed of ~를 소유하다

해석 자유란 법이 허락하는 무슨 일이든 할 수 있는 권리이다. 만약 어느 시민이 법이 금지하는 일을 할 수 있다고 한다면, 다른 모든 사람들도 같은 권리를 가질 것이기 때문에 그는 더 이상 자유를 가지지 못할 것이다.

Reading Material 086

We now know that major eruptions are commonly preceded by earthquakes, and these shocks would have provided clear warning of the forthcoming eruption, **had** anybody **been** aware of their significance. Nobody was, however, and life went on normally until the very last moment. On August 24, A.D.79, Vesuvius burst into life, and one of the most destructive eruptions in history started.

어휘 eruption 폭발, 분화 precede ~에 앞서다 forthcoming 곧 다가오는 Vesuvius 베수비오 산(이태리 남부 나폴리 근처에 위치) burst into life 갑자기 활동을 시작하다

해석 오늘날 우리는 본격적인 화산 폭발에 앞서 대개의 경우 지진이 선행된다는 것을 알고 있다. 만약 누군가가 그러한 지진의 의미를 알고 있었다면, 지진이 가져다주는 충격은 곧 다가올 폭발에 대한 분명한 경고가 되었을 것이다. 그러나 아무도 그 의미를 알고 있지 못했고 마지막 순간까지 생활은 정상적으로 진행되었다. 서기 79년 8월 24일 베수비오 화산이 갑자기 활동을 시작하여 역사상 가장 파괴적인 폭발이 시작되었다.

Reading Material 087

It is surprising how much man believes in words. **If** he **is told** he is a fool, for instance, he will suspect himself a fool and be sad; **call** him a clever fellow, and he will be delighted **If** you **go off** without paying him for the article you have bought from him.

> **어휘** It is surprising~ = I am surprised ~suspect ~인가 하고 의심하다 if = even if
>
> **해석** 사람들이 말을 얼마나 믿느냐 하는 것은 놀라운 일이다. 예를 들어 자기가 바보라는 소리를 듣게 되면 자기가 바보가 아닌가 하고 의심하며 우울해질 것이다. 그에게 똑똑한 친구라는 말을 해 보라. 그러면 그는 당신이 그에게서 구입한 물건 값을 치루지 않고 나간다고 해도 기뻐할 것이다.

Reading Material 088

Think what a gain it is to be able to read, and to love to read. As soon as one has got this habit, all the treasures of the knowledge and the thought of the past are open to him. It is **as if** the key of a great treasure house were put into his hand and he were told to go and help himself to whatever he would have.

> **어휘** it이 가주어, to be~to read가 진주어 help oneself to(= take~for oneself, provide oneself with) ~을 마음대로 취하다, ~을 먹다
>
> **해석** 책을 읽을 수 있다는 것과, 책 읽기를 좋아한다는 것이 얼마나 이득이 되는가를 생각해보라. 어떤 사람이 이러한 습관을 들이게 되자마자 과거의 모든 지식과 사상의 보고가 그에게 열리게 된다. 그것은 마치 보물 창고의 열쇠가 그의 손에 쥐어져서 가지고 싶은 것은 무엇이나 마음대로 가지라는 말을 듣는 것과 같은 것이다.

Reading Material 089

Friendship is above reason, for, though you find virtues in a friend, he was your friend before you found them. It is a gift that we offer because we must; **to give** it as the reward of virtue would be to set a price upon it, and those who do that have no friendship to give.

> **어휘** virtue 미덕 set a price upon it 가격을 매기다
>
> **해석** 우정이란 이성보다 우위에 있는 것이다. 왜냐하면 비록 당신이 어떤 친구에게서 미덕을 발견한다고 해도 그는 당신이 그것을 발견하기 이전부터 당신의 친구였기 때문이다. 우정이란 우리가 해야 하기 때문에 베푸는 선물인 것이다. 친구의 미덕에

대한 보상으로 우정을 베푼다면 그것은 우정에 값을 매기는 것이며, 또한 그렇게 하는 자들은 베풀 우정이 없는 사람들이다.

Reading Material 090

Although the present scientific age is some three hundred years old, people are still far from realizing what it means, and are preserving habits of thought which would have been much more appropriate that this will lead to a man's self-destruction **unless** something drastic happens.

> **어휘** some(= about) 약 what it means의 it은 앞의 절 the present scientific age~old를 가리킨다 preserve 유지하다, 보호하다 appropriate(= suitable) 적당한 self-destruction 자멸 drastic 맹렬한, 철저한
>
> **해석** 오늘날 과학의 역사는 약 300여 년이나 되지만, 사람들은 아직도 과학의 시대가 무엇을 의미하는지를 전혀 깨닫지 못하고 있으며, 어쩌면 한결 더 문제가 없었던 사고 습관을 유지하고 있어서, 뭔가 강렬한 일이 일어나지 않는다면 인간의 자멸로 이끌게 될 것이다.

Reading Material 091

Friendship is almost always the union of a part of one mind with a part of another; people are friends in spots. Friendship sometimes rests on sharing early memories, as do brothers and schoolfellows, who often, **but for** that now affectionate familiarity with the same old days, would dislike and irritate one another extremely.

> **어휘** in spots 어떤 점에서는, 때때로 affectionate 애정 깊은, 다정한 familiarity 친밀 irritate 성가시게 하다
>
> **해석** 우정이란 거의 언제나 어떤 사람의 마음과 다른 사람의 마음을 하나로 묶는 것이다. 사람들은 어떤 면에서 친구가 된다. 우정이란 형제들이나 학교 친구들이 그러는 것처럼 옛날의 추억을 함께 나누는데 달려 있다. 때때로 옛날에 대한 애정어린 친밀감을 현재 지니고 있지 않다면, 이들 형제나 친구들은 서로를 무척이나 싫어하고 성가시게 생각했을지도 모를 것이다.

Reading Material 092

Then, in the very moment of triumph, suddenly and swiftly came the tragic climax, and the career of Abraham Lincoln was terminated by the conspiracy of the political fanatic, John Wilkes Booth, and the pistol shot in Ford's Theater, on April 14, 1865. However deplorable it might have been for the country, there can be no question that the tragic ending fixed him in an immortality of glory which **no further effort** might have imperiled, and **no further achievement** could have rendered more secure.

어휘 conspiracy 음모 fanatic 광신자 deplorable 비참한 immortality 불멸 imperil 위

해석 그때, 승리의 바로 그 순간에 비극은 순식간에 절정에 달했으며, Abraham Lincoln의 생애는 정치적 광신자 John Wilkes Booth의 음모에 의해 끝이 났고, 1865년 4월 14일 포드 극장에서 권총이 발사되었던 것이다. 국가적으로 그 사건은 무척 비통한 것이었으나, 그 비극적 종말이 그에게 어떠한 노력으로도 위태롭게 할 수 없으며 또한 어떠한 업적도 더 확고하게 만들 수 없는 불멸의 영광을 가져다주었다는 사실에는 의심의 여지가 없는 것이다.

양보 표현

빈출핵심구문 맛보기

66 In the end he carried out his plan, **though** I had advised him not to.
(그러지 말라고 내가 충고했는데도 불구하고 결국 그는 그의 계획을 실행에 옮겼다.)

67 **Warm as it was** that day, the wind gusted up to twenty miles an hour.
(그날 날씨는 따뜻했지만, 시속 20마일의 바람이 불어 닥쳤다.)

68 **Whichever you (may) choose**, make sure that it is a good one.
(무엇을 선택하든 그것이 좋은 것인지 확인하시오.)

69 **Rub as he would**, the instant he stopped his cheekbones went numb.
(아무리 문질러도, 그가 멈추는 순간 그의 광대뼈는 마비되었다.)

70 **Whether rain or shine**, we'll hold the graduation exercises on the football field tomorrow.
(비가 오든 날씨가 맑든, 우리는 내일 축구 경기장에서 졸업식 예행연습을 할 것이다.)

71 **In spite of** our effort, the situation did not improve at all.
(우리의 노력에도 불구하고 사태는 전혀 호전되지 않았다.)

Reading Skill 066

양보의 뜻을 나타내는 접속사(구)로는 though, although, even though, even if 등이 있다.

① **Although** Nancy was only an amateur potter, her work was quite excellent.
Nancy는 아마추어 도예가였지만, 그녀의 작품은 상당히 뛰어났다.

② **Even if** he finds out about our secret plan, he won't tell anyone.
그가 우리의 비밀 계획에 대해 알아낸다고 하더라도 아무에게도 말하지 않을 것이다.

③ The wind was piercing cold, **although** the sun was shining brightly.
해가 밝게 비치고 있었지만 바람은 매우 차가웠다.

④ I will begin studying to become an actor, **even though** my parents object.
부모님께서 반대하시더라도 나는 배우가 되는 수업을 시작할 것이다.

⑤ **Though** he should read this book forever, he would not grow wise.
그가 이 책을 영원히 읽는다고 해도 그는 현명해지지 않을 것이다.

⑥ **Even if** we were not very rich, we had many friends about us.
우리가 비록 부자는 아니었지만 우리 주위에는 많은 친구들이 있었다.

Reading Skill 067

형용사/부사/무관사 명사 + as + S + V의 구문

① Young **as she was**, she worked hard to support herself and her parents.
그녀는 비록 어리지만 자신과 부모님을 부양하기 위해 열심히 일했다.

② Much **as I admire** his courage, I cannot think he acted wisely.
그의 용기에 탄복하기는 하지만 그가 현명하게 행동했다고는 생각할 수 없다.

❸ Villain **as he was**, he shuddered at the sight.
= Though he was a villain, he shuddered at the sight.
그는 비록 악당이었지만 그 광경을 보고는 몸을 떨었다.

❹ He had a scent for his own future, little **as he knew** yet what it was to be.
그는 자신의 미래에 대한 직감은 있었지만 그것이 무엇인지는 아직 알지 못했다.

❺ Coward **as he was**, John couldn't bear such an insult as this.
그는 비록 겁쟁이였지만 이와 같은 모욕은 참을 수 없었다.

❻ He put the manuscript in the fire, priceless **though it was**. (Galsworthy)
그의 원고가 비록 값으로 따질 수 없는 귀한 것이었지만, 그는 그것을 불 속에 던져버렸다.

cf. As much as I like cheesecake, I cannot eat a whole cake.
치즈 케이크를 좋아하기는 하지만 하나를 다 먹을 수는 없다.

Reading Skill 068

복합관계사를 활용한 구문

❶ **Whichever** of these washing machines you choose to buy, I'm sure you will be satisfied.
이 세탁기 중 어느 것을 구입하더라도 틀림없이 만족하실 겁니다.

❷ **No matter how** many books you read, it is all a waste of time unless you read them carefully.
아무리 많은 책을 읽더라도 주의 깊게 읽지 않으면 시간 낭비일 뿐이다.

❸ **Whatever** difficulties we may come across, we will help one another to get over.
어떤 어려움이 닥치더라도 우리는 그것을 극복하기 위해 서로 도울 것이다.

❹ **Whatever** the learned say about a book, however unanimous they are in their praise of it, unless it interests you it is no business of yours.

학자들이 어떤 책에 관해 무엇이라고 말하든, 아무리 그들이 그 책을 만장일치로 칭찬하든, 그 책이 당신의 흥미를 끌지 못하면 당신과는 상관없는 일이다.

5 No matter how small it is, determine never to live above your salary.
아무리 월급이 적더라도 결코 그보다 초과해서 쓰지는 마라.

Reading Skill 069
명령문을 활용한 양보 표현 구문

1 **Reason** the matter **as we may**, man is a selfish being after all.
우리가 아무리 논리적으로 따진다 해도 인간은 결국 이기적 존재이다.

2 The youth who expects to get on in the world must make up his mind that, **come what may**, he will succeed.
출세하기를 바라는 젊은이는 무슨 일이 일어난다 하더라도 성공하겠다는 결심을 해야 한다.

3 He will never equal his brother in singing, **sing over so well**. (= however well he may sing)
그가 아무리 노래를 잘 불러도, 그의 형에게는 미치지 못할 것이다.

4 Let his occupation **be what it may**, he must devote himself to it if he is to succeed.
직업이 무엇이든 성공을 하려면 그 일에 완전히 헌신해야 한다.

5 **Be a woman ever so beautiful**, she cannot charm us unless she has a kind heart.
아무리 아름다운 여인이라 해도 친절한 마음이 없으면 사람들을 매료시키지 못할 것이다.

6 **Let a man say** what he will, he will come back to his home at long last.
무슨 말을 하던 인간은 결국에는 자기 고향으로 돌아올 것이다.

Reading Skill 070

whether A or B의 구문

❶ Whether we are conscious of it **or not**, in our daily lives we are greatly indebted to computers in many ways.
의식을 하고 있든 그렇지 않든 우리는 일상생활의 여러 가지 면에서 컴퓨터의 신세를 지고 있다.

cf. Please advise us whether we should agree to their proposal or not.
그들의 제안에 동의를 해야 할지 말아야 할지 충고해 주시오. 〈명사절〉

❷ The enterprise, **whether it be (is) good or bad**, is one that requires a great talent.
좋은 일이든 나쁜 일이든 그 사업은 굉장한 재능을 요하는 것이다.

❸ It does not matter to a great actor what part he plays, **whether it** is that of a king or a beggar.
위대한 배우에게 왕 역할이든 거지 역할이든 무슨 역을 맡는지는 중요하지 않다.

cf. Sick or well, Jim went to work every day.
몸이 아프든 건강하든 Jim은 매일 일하러 갔다.

Reading Skill 071

그 밖의 양보의 표현을 나타내는 구문

❶ Despite (In spite of) our effort, the situation did not change at all.
우리의 노력에도 불구하고 사태는 전혀 변하지 않았다.

❷ Even with his help, we were unable to raise the funds we needed to buy a piano.
그의 도움에도 불구하고 우리는 피아노를 구입하기에 필요한 자금을 모을 수 없었다.

❸ **With all (For all)** this hard task, he learned to write. Above all, he learned to think for himself.
이처럼 힘든 일에도 불구하고 그는 글씨를 쓰는 법을 배우게 되었다. 게다가 그는 스스로 생각하는 법을 배우게 되었다.

❹ A man may be as talented as he will, and yet, **if he is not good**, he may be a worthless fellow.
어떤 이는 그가 원하는 만큼 재능이 있을 수 있다. 그러나 선하지 않으면 그는 아무런 가치가 없는 사람일 수 있다.

❺ **Ours is a very poor** house indeed, **but** I will find you a seat to sit down on.
비록 우리 집이 매우 초라하지만 당신이 앉을만한 자리는 찾을 수 있을 겁니다.

❻ **Yes**, John is witty, **but** he possesses more solid qualities as well.
John이 재담을 잘 하지만 그만큼 옹골찬 자질도 지니고 있다.

앞에서 제시한 Reading Skill에서 익힌 구문을 독해할 때 적용하며 학습할 수 있도록 필요한 어휘, 숙어, 해석을 하단에 수록했다.
최상의 독해 능력을 배양할 수 있도록 글 전체의 내용을 깊이 있게 학습해 보자.
결국 어휘나 문법은 독해를 위한 기본 학습에 불과하다.

Reading Material 093

Because I make five or six trips to Korea every year and spend about half of my time there, I have many chances to see both Korean and American women and how they are treated in their own countries. And **although** Korean women, like stockings, have become much stronger since the end of the Korean War, there is still a wide gap between the position of women in Korea and that of women in the United States.

어휘 make a trip to~ ~로 여행하다 how they are~는 see의 목적어 gap 차이(= difference) that of women = the position of women

해석 나는 매년 대여섯 번 정도 한국으로 여행을 하고 내 시간의 반을 그곳에서 보내므로, 나에게는 양국의 여성들을 만날 기회와 또한 그들이 자국에서 어떻게 취급되는가를 알 기회가 많다. 한국 전쟁 이후 한국의 여성들이 마치 스타킹처럼 훨씬 강인해지긴 했지만, 한국의 여성과 미국의 여성의 지위에는 여전히 커다란 차이가 있다.

Reading Material 094

Unsatisfied as she was with her brother's explanation about quarrels between their parents, Mary was still a child enough to finally put the troubling thoughts out of her mind. In the days that followed, Christmas caught her up in that wave of delight reserved only for the very young and the very sentimental.

어휘 Unsatisfied as she was = Though she was unsatisfied put~out of one's mind ~을 잊다 the very young = very young people (the + 형용사 = 복수명사)

해석 부모님께서 다투시는 이유에 대해 오빠가 설명하는 것으로는 만족스럽지 않았지만, Mary는 아직 그러한 골치 아픈 생각을 금방 잊어버릴 정도로 어렸다. 그 후에 그녀는 아주 어린 사람들과 감상적인 사람들만을 위한 크리스마스가 다가온다는 기쁨의 파도에 사로잡혔다.

Reading Material 095

I know lots of girls who never know that they are happy. They are so used to the feeling that they are deadened to it; but as for me, I am sure every moment of my life that I am happy. And I'm going to keep on being happy, **no matter what** unpleasant things turn up. I'm going to think of them (even toothaches) as interesting. "**Whatever** sky's above me, I've a heart for anything." (J. Webster)

어휘 deaden (감각이) 둔화되다 as for me = as far as I am concerned heart 용기(= courage)

해석 나는 자기들이 행복하다는 사실을 전혀 모르는 소녀들을 많이 알고 있다. 그들은 그런 감정에 매우 익숙해져 있어서 그런 감정에 둔화되어 있다. 그러나 나는 매 순간 내가 행복하다고 확신에 차 있다. 또한 아무리 기분 나쁜 일이 생긴다해도 나는 계속해서 행복할 것이다. 나는 기분 나쁜 일(심지어 치통)조차도 흥미롭다고 생각할 것이다. "내 위에 어떤 하늘이 있다고 해도 나는 모든 일에 애정을 갖는다."

Reading Material 096

Every man is his own best critic. **Whatever** the learned say about a book, **however** unanimous they are in their praise of it, unless it interests you it is no business of yours. Don't forget that critics often make mistakes, the history of criticism is full of blunders the **most eminent** of them have made, and you who read are the final judge of the value to you of the book you are reading. (S. Maugham)

어휘 critic 비평가 the learned = the learned people unanimous 만장일치의 blunder 실수

해석 모든 사람은 누구나 다 자신들에 대한 최고의 비평가이다. 어떤 책에 대해 학자들이 무엇이라고 말하든, 아무리 만장일치로 그 책을 칭찬하든, 그 책이 당신에게 어떤 흥미를 주지 못한다면 당신과는 상관없는 것이다. 비평가들도 종종 실수를 저지른다는 사실을 잊지 마라. 비평의 역사는 비평가들 중 가장 유명한 사람들이 저지른 실수투성이이며, 당신은 당신이 읽는 책이 당신에게 주는 가치에 대한 최종적인 판단자이다.

Reading Material 097

Washington stands among the greatest men of human history, and those in the same rank with him are very few. **Whether** measured by what he did, or what he was, or by the effect of his work upon the history of mankind, in every aspect he is entitled to the place he holds among the greatest of his race.

어휘 rank 등급, 계급 be entitled to ~할 자격을 갖추다

해석 Washington은 인류 역사상 위인들 중의 하나이며, 그와 같은 부류에 속하는 사람은 매우 드물다. 그가 한 일이나, 그의 됨됨이나 그의 업적이 인류 역사에 끼친 영향에서나 모든 면에서, 자신이 속한 민족 중에서 가장 위대한 자리에 오를 자격이 있다.

Reading Material 098

Every year brings fresh reminders of the weather's power over human life and events in the form of horrifying tornadoes, hurricanes and floods. Last week's icy assault on the Midwest, **for all** its ferocity and cost, is merely another reminder of the inescapable vulnerability of life and social well-being to the whims of the weather. And history is packed with reminders of far worse.

어휘 the weather's power over~ ~에 대한 기후의 위력 horrify 소름끼치게 하다 tornado 회오리바람 assault 강습, 습격 ferocity 사나움 vulnerability 취약점

해석 날씨가 인간의 삶에 어떤 영향을 미치는지는 끔찍한 토네이도, 허리케인, 그리고 홍수의 모습으로 매년 상기시켜준다. 지난 주 중서부 지방에 들이닥친 한파는 그 사나운 위력과 손실에도 불구하고 변덕스러운 날씨에 대해 생명과 사회복지가 얼마나 취약한가를 또 한번 기억시켜 주는 것에 불과한 것이었다. 그리고 역사는 이보다 훨씬 더 좋지 못한 기억으로 가득 차 있다.

Reading Material 099

It is true that a great amount of time and effort is devoted in Korean education to the study of foreign languages, but the results are indeed meager. There is also a new awareness of the problem in educational and business circles, which gives hope for the future. **Still** language instruction on the whole seems to have advanced very little over where it stood at the end of the 1960s.

어휘 devote A to B: A(시간, 노력 등)를 B(연구, 봉사)에 헌신하다 meager 빈약한 awareness 인식 circle 계(界), 분야 which의 선행사는 앞의 절을 모두 받는다.

해석 한국 교육에서 굉장히 많은 양의 시간과 노력이 외국어 교육에 쏟아지기는 하지만 그 결과는 참으로 빈약하다. 교육 분야와 사업 분야에서도 이 문제에 대한 새로운 인식이 생겨 미래에 대한 희망을 주었다. 그러나 전반적인 언어 교육은 1960년대 말의 위치에서 별로 나아진 것이 없는 것처럼 보인다.

Reading Material 100

The production of a work of art is not the result of a miracle. It requires preparation. The soil, **be it ever so rich**, must be fed. By taking thought, by deliberate effort, the artist must enlarge, deepen and diversity his personality.

어휘 a work of art 예술 작품 deliberate 심사숙고한 diversify 다양화하다

해석 예술 작품은 기적의 결과로 나오는 것이 아니다. 그것은 준비가 필요한 것이다. 토양이 아무리 비옥해도 양분이 공급되어야 한다. 심사숙고함으로써, 또한 신중한 노력을 기울임으로써 예술가는 그의 개성을 넓히고 깊이 있게 하며 다양화시켜야 한다.

정도·대조 및 독립 구문

빈출핵심구문 맛보기

72 He looked over his shoulder **as** Jack had done.
(Jack이 그랬던 것처럼 그도 어깨너머를 보았다.)

73 If I could read Russian, I would read this book in the original. **As it is**, I read an English translation.
(내가 러시아어를 읽을 수 있다면 이 책을 원어로 읽겠지만, 사실 나는 영어 번역판을 읽고 있다.)

74 **As far as** we can judge, he was utterly destitute of the poetic faculty.
(우리가 판단할 수 있는 바로는, 그는 시적 재능이 완전히 결여되었다는 것이다.)

75 Humans are capable of error **whereas** the computer is not.
(인간은 실수를 저지를 수 있으나, 컴퓨터는 그렇지 않다.)

76 **As** the spirit is exhausted by overwork, **so** it is destroyed by idleness.
(영혼은 과로에 의해서도 고갈되지만, 마찬가지로 게으르기 때문에도 파멸되는 것이다.)

77 She listened to me **with her eyes shining**.
(그녀는 두 눈을 반짝이며 내 이야기를 들었다.)

78 After a short rest, the patient looks **somewhat** better today.
(잠시 휴식을 취한 뒤 환자는 오늘은 좀 나아진 것처럼 보인다.)

Reading Skill 072

as, like, such as, such ~ as 등(~처럼, -와 ~같은)**의 뜻을 가지는 구문**

❶ I like the freedom to organize my day **as** I want to.
  내가 원하는 대로 나의 생활을 이끌어 갈 자유를 사랑한다.

❷ You only get them in big countries **like** Brazil or India.
  브라질이나 인도 같은 큰 나라에서만 그것들을 얻을 수 있다.

❸ There are some languages coming from Latin, **such as** French and Spanish.
  불어나 스페인어와 같이 라틴어에서 유래된 언어들이 몇 있다.

❹ In the garden grew bananas, papayas and **such** vegetables as the climate allowed him to raise.
  정원에는 바나나와 파파야, 그리고 그 기후에 맞게 키울 수 있는 채소들이 자라고 있었다.

Reading Skill 073

as it is는(있는 그대로, 그러나 사실은~)**의 뜻을 가지며, as it were**(=so to speak)**는** (이를테면, 말하자면~)**의 뜻을 갖는다.**

❶ He is, **as it were**, the brains of the organization.
  그는 말하자면 그 조직의 두뇌와 같은 사람이다.

❷ I wish I had money, **but as it is**, I can't pay you.
  돈이 있었으면 좋겠지만 사실 너에게 갚을 돈이 없구나.

❸ If I lived forever, the joys of life would inevitably in the end lose their savor. **As it is**, they remain permanently fresh.
  내가 영원히 산다면 인생의 즐거움은 어쩔 수 없이 결국 그 맛을 잃게 될 것이다. 그러나 사실은 인생의 즐거움이란 영원히 새로운 것이다.

4 He could have been killed. **As it was**, he suffered severe back injuries.
그는 살해될 뻔했다. 그러나 사실은 등에 심한 부상을 입었다.

Reading Skill 074

as/so far as, as long as, insofar as 등
*(~하는 한, ~하는 바로는)의 뜻을 갖는 구문

1 **So far as** grammar is concerned, this composition leaves nothing to be desired.
(leaves nothing to be desired = is perfect)
문법에 관한 한 이 글은 더 이상 바랄 게 없다.

2 **As long as** my experience goes, there is no kind of sermon so effective as the example of a great man.
내가 겪은 바로는 위인의 예만큼 효력이 큰 설교는 없다.

3 They were contemptuous of the traditional culture, except **insofar as** it provided precious metals.
그들은 값진 귀금속을 제공하는 경우를 제외하고는 전통 문화를 경멸했다.

Reading Skill 075

whereas, while, when 등
*(반면에, 한편)의 뜻을 가지는 대조 구문

1 They want a house, **whereas** we would rather live in an apartment.
그들은 단독주택을 원하지만 우리는 아파트에서 살고 싶다.

2 Fred gambled his money away **while** Julia spent hers all on dresses.
Fred는 그의 돈을 도박으로 날려버린 반면, Julia는 옷을 사 입는데 다 써버렸다.

3 You describe this policy as rigid and inflexible, **when** in fact it has been extremely flexible.
당신은 이 정책이 완고하고 경직된 것으로 묘사하고 있지만 사실은 매우 융통성이 있는 것이었다.

Reading Skill 076

so ~, as... (~와 마찬가지로 ...하다), **A is to B what** (as) **C is to D.** (A와 B의 관계는 C와 D의 관계와 같다), **It is in** (with) **A as in** (with) **B.** (A인 경우는 B의 경우와 같다)의 뜻을 가지는 비교 대조 구문

1 **As** dynamite is to the 19th century, **so** is atomic power to the 20th century.
다이너마이트가 19세기의 것이라면, 원자력은 20세기의 것이다.

2 **As** the desert is like a sea, **so** is the camel like a ship.
사막이 마치 바다와 같다면 낙타는 배와 같다.

3 Love **does to** women **what** the sun **does to** flowers.
태양이 꽃에게 영향을 미치듯이 사랑은 여성에게 영향을 미친다.

4 The boy that cheats **does for** the playground **what** the man that cheats **does for** society.
거짓말하는 소년과 운동장의 관계는 거짓말하는 성인과 사회의 관계와 같다.

5 **It is in** studying **as in** eating, he who does it gets the benefits, and not he who sees it done.
음식을 먹는 것과 마찬가지로 공부하는 데 있어서도 직접 하는 사람은 이득을 얻지만 구경만 하는 사람은 이득을 얻지 못한다.

6 It is hard to know flatterers from friends; for as a wolf resembles a dog, **so does** a flatterer a friend.
친구와 아첨꾼은 구별하기가 힘들다. 왜냐하면 늑대가 개를 닮듯이 아첨꾼도 친구와 비슷하기 때문이다.

Reading Skill 077

with + 목적어 + 분사, 형용사, 부사(구)의 부대 상황의 부사 구문

1 He came back in the rain **with his coat dripping and his feet soaked**.
그는 옷에서 물이 뚝뚝 떨어지고 발마저 흠뻑 젖은 채로 비를 맞으며 돌아왔다.

❷ He became very nervous **with the teacher watching him**.
선생님이 보고 계셔서 그는 매우 긴장되었다.

❸ He continued to walk up and down the room **with his head sunk on his chest and his brows drawn**.
그는 고개를 숙이고 눈썹을 찌푸린 채로 방안을 이리저리 왔다 갔다 했다.

❹ She looked at me **with a receiver in her hand**.
그녀는 수화기를 손에 쥔 채 나를 바라보았다.

❺ She ran up to her husband **with her mouth a little open and with a look of fear on her beautiful face**.
그녀는 입을 약간 벌리고 그녀의 아름다운 얼굴에 두려움을 띄운 채 남편에게 달려갔다.

Reading Skill 078
그 밖의 정도를 나타내는 여러 가지 구문

❶ He had changed to **such** an extent **that** he shocked me.
그는 나에게 충격을 줄 정도로 변해버렸다.

❷ The story can be trusted to **a certain degree**.
그 이야기는 어느 정도 믿을만하다.

❸ His income is barely **enough to** support his family.
그의 수입은 가족을 겨우 부양할 수 있을 정도이다.

❹ She was utterly exhausted **after** caring for her sick son for many days.
그녀는 오랫동안 병석에 누운 아들을 돌본 뒤에 매우 피곤해졌다.

❺ He is lightly dressed **even** in the coldest weather.
그는 가장 추운 날씨에도 옷을 얇게 입고 있다.

❻ They tried to find out just **what** the strange object was.
그들은 그 이상한 물체가 무엇인지 알아내려 했다.

❼ His short poems, **as well as** his novels, are highly (greatly) esteemed.
그의 소설과 마찬가지로 그의 짧막한 시들은 높이 평가되고 있다.

앞에서 제시한 Reading Skill에서 익힌 구문을 독해할 때 적용하며 학습할 수 있도록 필요한 어휘, 숙어, 해석을 하단에 수록했다.
최상의 독해 능력을 배양할 수 있도록 글 전체의 내용을 깊이 있게 학습해 보자.
결국 어휘나 문법은 독해를 위한 기본 학습에 불과하다.

Reading Material 101

The average man seems to find life very uninteresting **as it is**. And I think that the reason why he finds it uninteresting is that he is always waiting for something to happen to him instead of setting to work to make things happen. For one person who dreams of earning fifty thousand pounds, a hundred people dream of being left fifty thousand pounds.

[어휘] average man 보통 사람 as it is 사실은, 있는 그대로 for one person 한 사람에 비해서
[해석] 보통 사람은 인생을 있는 그대로는 아주 재미없는 것이라고 생각하는 것 같다. 그리고 인생을 재미없다고 생각하는 이유는 자기가 어떤 일을 하는 대신 뭔가가 일어나기를 늘 기다리기 때문이라고 나는 생각한다. 한 사람이 5만 파운드를 버는 꿈을 꾸는 반면, 백 명에 달하는 사람은 5만 파운드의 유산을 물려받기를 꿈꾸고 있다.

Reading Material 102

Everyone ought to try to keep abreast with his time, **so far** at least **as** not to be ignorant of the general movements of the world. Of these the more knowledge you have, the better, **so long as** you do not scatter your efforts in **such** wise **as** to neglect your own pursuit.

[어휘] keep abreast with ~와 병행하다 so far~as 정도 표시 구문 the better = the better it is in such wise = in such way
[해석] 누구나 다 시대에 보조를 맞추어 살려는 노력을 해야 한다. 적어도 이 세상의 일반적인 움직임에 대해서 무지한 정도는 되지 말아야 한다. 자기의 목적을 소홀히 할 정도로 노력을 분산시키지 않는 한 세상 지식을 많이 얻을수록 더욱더 좋은 법이다.

Reading Material 103

As far as particular society is concerned, its advancement is the result of its members' contact with the tools, techniques and ideas of other groups, their readiness to recognize advantage in ways and forms not their own, and their opportunity to accept these ways and forms.

어휘 advancement 전진, 진보 way and forms (which are) not their own의 구문
해석 어떤 특정한 사회가 관련되는 한, 그 사회의 발전은 그 구성원이 다른 집단의 도구와 기술 그리고 사상과 접촉한 결과이며, 자기네 방식이 아닌 방법이나 형식에서 이득이 되는 것을 기꺼이 인정하고, 그러한 방법이나 형식을 받아들일 기회를 갖게 된 결과인 것이다.

Reading Material 104

Among the trees on the opposite bank of the lake, the domed roof of the pavilion was shining in the sun and darkening as the shadow of branches swayed over it, **while** the little waterfall streamed with brilliant spray from under the darkness of the bridge.

어휘 domed 둥근 지붕의 pavilion 큰 천막, 누각 sway 흔들다, 동요하다 spray 물보라, 분수
해석 호수 건너편 둑의 나무 사이로, 누각의 둥근 지붕은 나뭇가지가 그 위에서 흔들거림에 따라 햇빛을 받아 빛나거나 그늘이 지고 있었다. 한편 다리 밑 컴컴한 곳에서는 작은 폭포수가 빛나는 물보라를 내며 흘러갔다.

Reading Material 105

Just as the body is in best condition when each of its organs fulfills its own work in cooperation with the rest, **so** is the human society in best condition when each individual does his own work in cooperation with the others.

어휘 organ 기관 in cooperation with ~와 협력하여
해석 신체의 각 기관들이 그 나름대로의 일을 나머지 것들과 협력하여 수행할 때 최고의 컨디션을 유지하는 것과 마찬가지로, 인간 사회는 개개인이 다른 사람들과 협력하여 자기의 일을 수행할 때에 최고의 상태가 되는 것이다.

Reading Material 106

Just as the passengers on a ship see only the one-ninth of an iceberg which is above water, **so** the audience is aware of only a small part of the energy expended in preparing and delivering a speech. No matter how talented the speaker, a talk without adequate preparation is usually a failure.

[어휘] one-ninth 9분의 1 iceberg 빙산 deliver a speech 연설하다
[해석] 배에 탄 승객들이 물 위에 나온 빙산의 9분의 1밖에 볼 수 없는 것과 마찬가지로 청중은 연설을 준비하고 전달하는 데 소비한 에너지의 작은 부분밖에 인식하지 못한다. 아무리 재능있는 연설가라 할지라도 적절한 준비가 없는 연설은 대개 실패하게 된다.

Reading Material 107

Things are very different in many British families. It is not that the child is not looked after carefully, but he is not allowed to think of himself as the center of the world, **with other people existing only to attend on him.** (T. Leggett)

[어휘] things 사정, 상황
[해석] 많은 영국 가정에서는 사정이 매우 다르다. 어린이가 보살핌을 잘 받지 못한다는 것이 아니라, 다른 사람들이 오직 자기만 돌보기 위해 존재하고 자신이 이 세상의 중심이라고 생각하는 게 용납되지 않는다는 것이다.

Reading Material 108

I remember that on first venturing out by myself a little distance from home I got lost. In despair of ever finding my way back I began to cry, hiding my face against a post at a street corner, and was there soon surrounded by quite a number of passers-by, then a policeman came up, **with brass buttons on his blue coat and a sword at his side, taking me** by the arm he asked me in a commanding voice where I lived.

[어휘] on -ing ~하자마자(= As soon as~) venture 위험을 무릅쓰고 가다 get lost = lose oneself, lose one's way in despair of ~에 절망하여 brass 놋쇠, 황동
[해석] 처음으로 나 혼자서 위험을 무릅쓰고 집에서 약간 떨어진 거리로 나서자마자 길을 잃어버렸던 기억이 있다. 돌아가는 길을 찾지 못해 절망에 빠진 나는 길 모퉁이의 한 기둥에 기대어 얼굴을 묻고 울기 시작했는데, 곧 상당히 많은 사람들에게 둘러싸였다. 그러자 푸른색 외투에 황동 단추가 있고 옆구리에 칼을 찬 경관이 나에게 다가와서는 내 팔을 잡고서 내가 어디 사느냐고 명령조로 물어보았다.

비교 구문 I

빈출핵심구문 맛보기

79 The problem was **not so** difficult **as** I had imagined.
(그 문제는 내가 생각했던 것만큼 어렵지는 않았다.)

80 I was **not so much** angry **as** sad at his words.
(나는 화가 났다기보다는 그의 말에 슬픔을 느꼈다.)

81 We earn more or less **according as** we work.
(우리는 우리가 일하는 것에 따라 많이 벌기도 하고 적게 벌기도 한다.)

82 **No** other scholar is **as** great **as** he in the world.
(이 세상의 그 어떤 학자도 그 사람만큼 위대하지 않다.)

83 **The more** I read, **the more** complicated the subject seemed to me.
(많이 읽으면 읽을수록 내게는 문제가 더 복잡해 보인다.)

84 You can not easily find hotel rooms there even at ordinary times, **much less** during the tourist season.
(그곳에서는 평상시에도 호텔 방을 쉽게 구할 수 없다. 하물며 여행철에는 말할 것도 없다.)

Reading Skill 079

as ~ as; 동등 비교, not so (as) ~ as; 열등 비교(less ~ than) 구문

❶ It is impossible to speak English **as** fluently **as** a native speaker.
원어민처럼 영어를 유창하게 말하기란 불가능하다.

❷ A man is **as** old **as** he feels, and a woman is as old as she looks.
남자는 자신이 느끼는 만큼 나이가 들지만 여자는 보이는 만큼 나이가 든다.

❸ The devil is **not so** black **as** he is painted.
악마는 그림에 묘사된 것만큼 검지는 않다.

❹ I had two bottles of beer and got drunk, but Tom was calm though he drank **as much**.
나는 맥주 두 병을 먹고 취했지만, Tom은 그만큼 마셨는데도 아무렇지 않았다.

cf. 1) as many, as much, as such: 그와 같이, 그렇게
You spent two days to weed the garden; I could finish the job in **as many** hours.
당신은 정원의 잡초를 뽑는 데 이틀이 걸렸지만, 나는 몇 시간 만에 할 수 있었다.
He is not terribly interested in politics **as such**.
그는 정치에 그 정도까지 대단하게 관심이 있는 것은 아니다.

2) like so (as) many~: 마치~처럼
The wooden house flamed up **like so many** matchboxes.
그 목조 건물은 마치 성냥갑처럼 불탔다.

Reading Skill 080

not so much A as B, not A so much as B, more B than A, B rather than A 등 (A라기보다는 B이다)의 뜻을 가지는 구문

cf. not so much as ~: ~조차도 못하다

❶ The great difficulty in life does **not so much** arise in the choice between good and evil as in the choice between good and good.
인생에 있어서 가장 큰 어려움은 선과 악 사이의 선택에 의해 발생한다기보다는, 선과 선 사이의 선택에 달려있는 것이다.

❷ It is **not** men's faults that ruin **so much as** the manner in which they conduct themselves after the faults have been committed.
파멸하는 것은 인간의 잘못이라기보다는, 잘못이 이루어진 뒤에 어떻게 행동하느냐에 달려있는 것이다.

❸ He is **rather** a servant **than** a husband in his own house.
그는 자기 집에서 남편이라기보다는 하인이다.

cf. He left without **so much as** saying goodbye.
그는 작별 인사조차도 하지 않고 떠나갔다.

cf. I was so busy that I could not **so much as** give a ring to her.
나는 매우 바빠서 그녀에게 전화조차 할 수 없었다.

Reading Skill 081

in proportion as (to) ~, according as (to)
*(~만큼, ~에 비례하여)의 뜻을 가지는 구문

❶ The air becomes cooler **in proportion as** we go up higher.
높이 올라갈수록 공기는 차가워진다.

❷ Babies have big heads **in proportion** to their bodies.
어린아이들은 몸에 비해 머리가 크다.

❸ You are rewarded **according as** you have merits or demerits.
당신은 당신의 공적이나 과실에 비례하여 보상을 받는다.

❹ **According as** the demand increase, prices go up.
수요가 증가함에 따라 가격이 올라간다.

❺ You may either go or stay, **according as** you decide.
당신이 결정하는 바에 따라 갈 수도 있고, 머무를 수도 있다.

Reading Skill 082

부정주어 + as + 원급 + as, 부정주어 + 비교급 + than 등의 최상급의 의미를 나타내는 구문

cf. 위의 예문을 활용하여 다음과 같이 최상급의 의미를 갖는 문장을 연구해 보자.
= **No other** scholar is greater than he in the world.
= He is **the greatest of** all the scholars in the world.
= He is **greater than** any other scholar in the world.
= He is **as** great **as** any scholar in the world.
= He is **as** great a scholar **as** any alive in the world.
= He is **as** great a scholar **as** ever lived.
= I have never seen **such** a great scholar as he.
= He is **the greatest** scholar I have ever seen.

Reading Skill 083

the + 비교급 ~, the + 비교급...
*(~하면 할수록, 더욱더 ...하다)의 구문

❶ **The nearer** they go to the fair, **the more** ablaze the stalls looked.
그들이 박람회장에 가까이 갈수록 진열대는 더욱더 빛나 보였다.

❷ **The longer** we waited, **the more** impatient we became.
오래 기다릴수록 우리는 더욱더 조바심이 났다.

❸ **The more** completely fuel is burned, **the less** it pollutes the air.
연료가 완전히 탈수록 공기를 덜 오염시킨다.

❹ **The fewer** hours he has to spend laboring, **the more** hours he is free to play.
노동에 시간을 덜 쓸수록 놀 시간이 더 많아진다.

❺ **The more** they learn about these great apes, **the deeper** our identity crisis seems to become.
유인원에 대해 배우면 배울수록 우리의 정체성에 대한 위기는 더 깊어지는 것 같다.

Reading Skill 084

긍정문~, much (still) more, 부정문~, much (still) less (게다가, 하물며)의 뜻을 가지는 구문

cf. 이와 같은 뜻을 가지는 구문으로 not to mention, not to speak of, to say nothing of, let alone이 있다.

❶ We go on a journey chiefly to be free of all impediments and of all inconveniences, **much more** to get rid of others.
우리는 주로 모든 장애와 불편에서 벗어나기 위해 여행을 한다. 또한 다른 사람들로부터 벗어나기 위해 여행한다.

❷ I dislike to watch a baseball game, **much more** to participate in.
나는 야구 경기 관람을 싫어하며, 직접 참여하는 것은 더욱 싫어한다.

❸ There are very few visitors to this seaside even in summer, **still less** in winter.
이곳 해변은 겨울에는 말할 것도 없고 여름에도 찾아오는 사람이 거의 없다.

❹ Without intelligence our complex modern world cannot subsist, **still less** can it make progress.
정보 없이는 우리의 복잡한 현대 사회는 발전하기는커녕 존재할 수도 없다.

앞에서 제시한 Reading Skill에서 익힌 구문을 독해할 때 적용하며 학습할 수 있도록 필요한 어휘, 숙어, 해석을 하단에 수록했다.
최상의 독해 능력을 배양할 수 있도록 글 전체의 내용을 깊이 있게 학습해 보자.
결국 어휘나 문법은 독해를 위한 기본 학습에 불과하다.

Reading Material 109

There are many who have been heroes in the most common lives; those who have given up the dearest plans, or the most attractive pleasures for the sake of those who were dependent on them. It is **as** heroic to give up one's pleasure for the sick at home, **as** to go to serve in a hospital.

어휘 attractive 매력적인 for the sake of~ ~를 위하여 It이 가주어, to give up과 to go가 진주어

해석 가장 평범한 사람들 가운데에 영웅이었던 이가 많다. 즉 자기에게 의존하고 있는 사람들을 위해 가장 좋아하는 계획이나 가장 매력적인 즐거움마저도 포기했던 사람들이 있었던 것이다. 집안의 아픈 사람을 위하여 자신의 즐거움을 포기하는 것은 병원에서 봉사하는 것 만큼이나 영웅적인 것이다.

Reading Material 110

We learn certain things about the other person **not so much** from what he says **as** from how he says, for whatever we speak we cannot avoid giving our listeners clues about our origins and the sort of person we are.

어휘 for~ 이유 구문 whatever we speak~ 양보 구문(No matter what we speak~) cannot avoid -ing ~하지 않을 수 없다

해석 우리는 다른 사람이 무슨 말을 하는가를 통해서보다는 그가 어떻게 말하는가를 통해서 그에 대하여 뭔가를 배운다. 왜냐하면 우리는 무슨 말을 하든지 우리의 말을 듣는 사람에게 우리들이 어떤 사람인가 하는 것과 우리들의 근본에 대해 어떤 단서를 주지 않을 수 없기 때문이다.

Reading Material 111

There is no doubt that adults, and even highly educated adults, vary greatly in the speed and efficiency of their reading. Poor readers in particular may lack the ability to vary their manner of reading **according to** the type of reading matter and to their intentions in reading it.

> 어휘 vary 변하다 efficiency 능률 reading matter 읽을거리 intention 목적
>
> 해석 성인들, 심지어 고등 교육을 받은 성인들조차도 독서의 속도나 능률면에서 상당히 다르다는 것은 의심의 여지가 없다. 특히 독서를 잘 못하는 사람들은 읽을거리의 종류나 그것을 읽는 의도에 따라서 독서방식을 다양하게 바꾸는 능력이 부족하다.

Reading Material 112

The European concept of their difference from other peoples is **not so much** a matter of superiority, that is, of quality, **but** a difference in kind. They see themselves as being different not because they are better or worse than others but simply because they are different.

> 어휘 concept 개념, 사고(= conception) not so much A but B = not so much A as B a matter of superiority 우열의 문제 not because A~, but because B~ : A 때문이 아니라, B 때문에
>
> 해석 유럽인들이 다른 민족들과 다르다는 생각은 우월성, 말하자면 질적 문제와 관련된다기보다는 종류상의 차이와 관계되는 것이다. 그들은 자신들이 다른 사람보다 우월하거나 열등해서 다른 사람과 다르게 여기는 것이 아니라 단지 다르기 때문에 다르다고 생각한다.

Reading Material 113

The king of autumn sports in the United States is football. It holds sway from the close of the baseball season until basketball begins. **No** game demands **more** teamwork, strength, and alertness, or provides a **more** thrilling spectacle, and few games has as lively a history.

어휘 holds sway 휩쓸다 alertness 민첩성 No~spectacle (than football) few games~history (as football)

해석 미국에서 최고의 가을 스포츠는 미식축구이다. 미식축구는 야구 시즌이 끝날 무렵부터 농구 시즌이 시작되기 전까지 휩쓴다. 그 어떤 운동경기도 이보다 더 팀워크와 강인함, 그리고 민첩성을 요구하는 것이 없으며, 그보다 더 전율적인 장관을 펼치는 것도 없다. 또한 그만큼 생생한 역사를 지닌 것도 거의 없다.

Reading Material 114

If you find reading a difficult and unpleasant job, even those things that you manage to learn by reading are likely to slip your memory within a very short time. In other words, **the harder** and more disagreeable reading is, **the less** it pays.

어휘 you~job: S + V + O + O.C.의 구문 slip one's memory 잊다 pay 이익이 되다

해석 만일 당신이 독서를 힘들고 지겨운 일이라고 생각한다면, 당신이 독서를 통해 배우고자 하는 것들조차도 단시간 내에 기억에서 사라지기 쉽다. 다시 말해서 독서가 힘들고 내키지 않을수록 이득이 없게 되는 것이다.

Reading Material 115

All must realize that there is no hope of putting an end to the building up of armaments, nor of reducing the present stocks, nor, **still less**, of abolishing them altogether, unless the process is complete and thorough and unless it proceeds from inner conviction: unless, that is, everybody sincerely cooperates to banish the fear and anxious expectation of war.

어휘 put an end to ~을 끝내다 the building up 증강 armament 군비, 군사력 proceed from ~로부터 생기다 conviction 신념, 확신 banish 추방하다, 떨치다

해석 우리 모두는 군비 증강을 종식시키는 과정이 완전하고 철저하지 않는 한, 그리고 그것이 내적인 확신에서 나오는 것이 아닌 한, 다시 말해서 전쟁에 대한 공포와 걱정스러운 기대감을 떨치기 위해 진지하게 협력하지 않으면, 군비 증강을 종식시키는 것과 현재의 군비를 감축하는 것, 더욱이 현재의 군비를 모두 폐기할 가망이 전혀 없다는 점을 인식해야 한다.

Reading Material 116

He was, so far as I could judge, **as** free from ambition in the ordinary sense of the word **as** any man who ever lived. If he rose from position to position, it was not because he thrust himself on the attention of his employers, but because his employers insisted on promoting him.

어휘 free from ~가 없는(= without) rise from position to position 출세하다, 승진하다 thrust oneself on the attention ~의 주의를 끌다

해석 내가 판단할 수 있는 바로는, 그가 이 세상에 살았던 그 어떤 사람만큼이나 일반적인 의미에서의 야망이 없는 사람이었다는 것이다. 만약 그가 승진을 했다면, 그것은 그가 그를 고용한 사람의 관심을 끌어서가 아니라, 고용주가 그를 승진시키겠다고 고집을 부렸기 때문이다.

비교 구문 II

85 He now plainly saw that he was **no better than** a murderer.
(그는 자신이 살인자와 다름없다는 점을 분명히 알게 되었다.)

86 Philosophy is **no more** an occupation **than** virtue is.
(미덕이 직업이 될 수 없는 것과 마찬가지로 철학도 직업이 될 수 없다.)

87 Sunshines in summer contain **ten times as much** ultra violet light **as** in winter.
(여름의 햇빛은 겨울의 햇빛보다 10배나 많은 자외선이 있다.)

88 Her bravery was **all the more impressive** because she took such pains not to cry.
(그녀가 그 정도의 고통을 감내하고 울지도 않았기에 그녀의 용기는 더욱 감동적이었다.)

89 If we go into the city, we **may as well** pay a visit to the Tower **as** not.
(만일 우리가 그 도시에 간다면, 그 탑을 방문하는 것이 안 가는 것보다 나을 것이다.)

90 Even the richest man in the world cannot buy love.
(이 세상에서 제일 부자라 할지라도 사랑을 돈으로 살 수는 없다.)

Reading Skill 085

no better than: ~와 다를 바 없다
*(= as good as, almost, all but)

① If you hire me to paint your house, it is **no better than** painted.
만약 당신이 당신 집을 페인트칠하는 데 나를 고용한다면, 이미 페인트칠이 된 거나 다름없다.

cf. nothing more than: ~에 지나지 않다
nothing less than: 매우 (참으로) ~에 지나지 않다, ~에 불과하다
He is a man who respects **nothing more than** honor and desires **nothing less than** power.
그는 명예만 존중하는 사람이며, 다만 권력만을 바라는 사람이다.

cf. He **as good as** promised me the job.
그는 나에게 일자리를 약속한 것이나 다름없다.

Reading Skill 086

A is no more B than C (is D) (= A is not B any more than C (is D), A is not B, just as C is not D)
(A가 B 아닌 것은 C가 D가 아닌 것과 같다)의 구문

cf. A is no less B than C is D (= A is nothing less B than C is D): C가 D이듯이 A는 B이다.
no more than: only, not more than: at most, no less than: as~as, not less than: at least

① A strong, healthy child can **no more** keep still **than** a kitten can.
새끼 고양이도 그렇지 못하듯이 힘세고 건강한 어린이는 가만히 있지 못한다.

② A journey of fifty miles can now be done in **no more than** an hour.
50마일 정도의 여행은 한 시간 안에 할 수 있다.

cf. The tension that exists between old and young cannot be wiped out **any more than** the spots on the wall.
노소간의 긴장은 벽에 묻은 얼룩처럼 지워질 수 없다.

cf. You may certainly be lucky for a short time, but you can**not** always be lucky, **any more than** you can always be unlucky.
> 당신은 분명히 잠시동안 운이 좋을 수 있다. 그러나 항상 불행할 수는 없듯이 항상 행복할 수도 없다.

Reading Skill 087

배수 + as 원급 as(= 배수 + 비교급 than, 배수 + the + N + of ~) (~몇 배나 ~한)**의 배수 표현 구문**

❶ There are **three times as many boys as** girls in this class.
> 이 학급에는 여학생보다 남학생이 세 배나 많다.

❷ This watch is **five times more expensive than** that one.
> 이 시계는 저것보다 다섯 배나 비싸다.

❸ This box is **half as large as** that one.
= This box is half the size of that one.
> 이 상자는 저것의 반 정도 크기이다.

❹ It is said that learning English must be **ten times as difficult for a Korean as** learning German is for an American.
> 한국인이 영어를 배우는 것은 미국인이 독일어를 배우는 것보다 열 배나 어렵다고 한다.

❺ Half of all black people lived in poor houses. They received about **half as much pay as** whites.
> 전체 흑인의 반 정도가 초라한 집에서 산다. 그들은 백인들에 비해 월급을 반 정도 밖에 받지 못한다.

Reading Skill 088

all the 비교급 + because(as/for) **~** (= nonetheless ~) (~이기에 더욱더)**의 이유 표시 구문**

cf. 위 표현은 때로 '~에도 불구하고 더욱더'(= nevertheless)의 양보의 뜻을 갖는다.

❶ Though books are so cheap to buy in these days, I think we should be **nonetheless** careful of them.
오늘날 책값이 싸기는 하지만 더욱 조심해서 책을 구입해야 한다고 생각한다.

❷ I like him **all the better because** he is so childish.
(= He is so childish; nevertheless, I like him.)
그가 어린애 같기에 나는 더욱더 그를 좋아한다.

❸ She is **none the better** for taking those pills.
그녀는 약을 먹었는데도 조금도 나아진 게 없다.

❹ If you annoy her, she's **all the less** likely to help us.
당신이 그녀를 성가시게 한다면 그녀는 더욱더 우리를 도와줄 것 같지 않다.

❺ I knew that when there is a death of a child in a family, the remaining child is **all the more** precious.
나는 한 가정에서 아이가 죽으면 남은 아이가 더욱 소중해진다는 것을 알았다.

Reading Skill 089

might as well ~ as ~ (= no more ~ than), **may as well** (= had better), **may well** (= have good reason to)의 구문

❶ You **might as well** call a horse a fish as call a whale one.
= You can **no more** call a whale a fish **than** call a horse one.
말을 물고기라고 할 수 없듯이 고래를 물고기라고 할 수 없다.

❷ There is so much to see in the metropolis that the visitor **may as well** rid his mind at once of any intention of seeing all.
그 대도시에는 볼 것이 정말 많아서 방문객은 한꺼번에 모든 것을 보겠다는 마음을 품지 않는 것이 좋다.

❸ You **might as well** say you do not care for the light of the sun, because you can use a candle.
당신이 촛불을 사용한다고 해서 햇빛을 좋아하지 않는다고 말할 수는 없다.

4 He **may well** be said to have been a fortunate man.
그가 이제껏 운이 좋은 사람이라고 불리는 것은 당연하다.

> **Reading Skill 090**
>
> # 최상급에 양보의 의미가 들어있는 구문과 그 밖의 최상급을 활용한 구문

cf. the last (= most unlikely, most unsuitable)는 부정의 뜻을 갖는다.
The author should be **the last** man to talk about his work.
작가는 자기 작품에 대해 이야기하지 말아야 한다.

1 A child can throw a pebble into the water, but **the wisest man cannot say** where the waves it sets in motion shall be stilled.
어린아이라 할지라도 조약돌을 물에 던질 수 있다. 그러나 아무리 현명한 사람이라도 그 조약돌이 만든 물결이 어디에서 잠잠해지는지는 알 수 없다.

2 Industry is not only essential to success, but has a **most healthy** influence on the moral character.
근면함은 성공에 필수적인 요소일 뿐만 아니라, 도덕적인 인격에도 매우 건전한 영향을 끼친다.

3 She dwells so much on the past. She ought to make **the most of** her life as it is now.
그녀는 너무 과거에 집착한다. 그녀의 인생을 있는 그대로 최대한 활용해야 한다.

4 **To the best of** my knowledge, he is in Paris.
= As far as I know, he is in Paris.
내가 아는 바로는 그는 지금 파리에 있다.

5 The storm was **at its worst** toward morning.
아침이 되자 폭풍우는 최고조에 달했다.

앞에서 제시한 Reading Skill에서 익힌 구문을 독해할 때 적용하며 학습할 수 있도록 필요한 어휘, 숙어, 해석을 하단에 수록했다.
최상의 독해 능력을 배양할 수 있도록 글 전체의 내용을 깊이 있게 학습해 보자.
결국 어휘나 문법은 독해를 위한 기본 학습에 불과하다.

Reading Material 117

The most beautiful and profound emotion we can experience is the mysterious. It is the source of all true art and science. He to whom this emotion is a stranger, who cannot pause to wonder and stand rapt in awe, is **no better than** dead; his eyes are closed.

[어휘] profound 심오한 the mysterious 신비감 stand rapt in awe 경외심으로 가득 차 있다

[해석] 우리가 겪을 수 있는 가장 아름답고도 심오한 감정은 신비감이다. 그것은 모든 진실된 예술과 과학의 근원인 것이다. 이러한 감정이 낯설고, 잠시 동안이라도 멈추어서 감탄하거나 경외심으로 가득 차 있을 수 없는 사람은 죽은 것이나 다름없다. 그의 눈은 닫혀있는 것이다.

Reading Material 118

Without discipline it is **impossible** for reading, **any more than** any other pursuit, to be really effective. It is strange that those who are ready to go through the necessary training when learning to play golf or to drive a motorcar should expect to get true enjoyment from reading **without more** trouble **than** that of running the eye along the printed line.

[어휘] impossible~any more than~: not~any more than~의 변형 pursuit 연구, 업무 go through ~를 하다(= perform), ~를 겪다(= experience) without more~than: no more than, only

[해석] 훈련을 하지 않으면, 다른 경우와 마찬가지로 독서도 진정 효과적일 수 없다. 골프나 자동차 운전은 배울 때에는 필요한 훈련 과정을 기꺼이 해나가는 사람들이 인쇄된 행을 따라 눈을 움직이는 수고 외에는 더 이상 노력도 하지 않으면서 독서에서 진정한 즐거움을 얻으려 기대한다는 게 이상한 일이다.

Reading Material 119

The connection of technology with material advance in the Western industrial nations has been contrasted with the 'spiritual' qualities of Eastern cultures. But the West did **not** invent technology, **any more than** it invented chemistry or biology or the medicine. Indeed, until the close of the Western Middle Ages, India and China were far ahead of the West in science and technology.

어휘 connection 결합, 연결, 관계 contrast with 대조하다, 대비하다

해석 서양의 산업 국가에서 기술과 물질적 향상 사이의 결합은 동양 문화의 정신적인 특성과 대조를 이루어왔다. 그러나 서양이 화학이나 생물학 또는 약학을 발명해내지 않은 것과 마찬가지로 기술을 발명해내지는 않았다. 사실 서양의 중세 말기까지만 해도 인도와 중국이 과학과 기술에 있어서 서양을 훨씬 앞질렀다.

Reading Material 120

This rise in impulse buying has coincided with the growth in selfservice shopping. Other studies show that in groceries where there are clerks to wait on customers there is about **half as** much impulse buying **as** in self-service stores.

어휘 impulse buying 충동구매 coincide 일치하다 grocery 식료품점 wait on 봉사하다, 시중들다(= serve) customer 고객

해석 충동구매의 이와 같은 증가는 셀프서비스 상점의 증가와 일치했다. 또 다른 연구에서는 점원이 고객의 시중을 드는 식료품점에서 충동구매 현상이 셀프서비스 상점의 반 정도로 나타난다는 사실을 보여준다.

Reading Material 121

To escape from nervous fatigue in modern life is a very difficult thing. In the first place, all through working hours, and still more in the time spent between work and home, the urban worker is exposed to noise, most of which, it is true, he learns not to hear consciously, but which **nonetheless** wears him out, **all the more** owing to the subconscious effort involved in not hearing it.

어휘 fatigue 피로 work and home 근무지와 가정 expose 노출하다 most of which와 but which에서 which의 선행사는 noise이다 nonetheless 그럼에도 불구하고(= all the same) wear out 녹초가 되게 하다 subconscious 무의식적인, 잠재적인

해석 현대 생활에서 신경 피로를 피하는 것은 매우 어렵다. 우선 근무시간 내내, 더욱이 직장과 가정 사이에 보내는 시간 동안 도시 근로자는 소음에 노출되는데, 사실 그 소음의 대부분을 의식적으로 듣지 않으려고 하지만, 그럼에도 불구하고 소음을 듣지 않으려는 무의식적인 노력 때문에 그는 더욱 녹초가 되고 만다.

Reading Material 122

He knows now that there are, in the air he breathes every day, sounds that his ears cannot discern, **listen as he may**, and lights that his eyes cannot distinguish, **strain them as he may**. Well may he feel humble in realizing the defectiveness of senses.

어휘 discern 지각하다(= perceive) listen as he may = however hard he may listen strain them as he may = however hard he may strain them

해석 그가 매일 숨쉬는 대기 중에는 그가 아무리 들으려 해도 그의 귀가 분간해 낼 수 없는 소리가 있고, 아무리 보려고 해도 눈으로 분간해 낼 수 없는 빛이 있다는 사실을 그는 안다. 감각의 결함을 깨달을 때 그가 겸허함을 느끼는 것도 당연하다.

Reading Material 123

Economic laws can **no more** be evaded **than** can gravitation. We **might as well** attempt to reverse the motion of the earth on its axis as attempt to reverse the industrial progress and send men back into the age of homespun.

어휘 no more A than B나 might as well B as A는 결국 같은 의미로 쓰인 것이다 the law of gravitation 인력의 법칙 reverse 거꾸로 하다 axis 축 homespun 수직물

해석 중력(重力)을 피할 수 없는 것과 마찬가지로 경제 법칙도 피할 수 없다. 우리가 산업의 발달을 거꾸로 되돌려 인류를 수공업 시대로 돌이키려 하느니 차라리 지구의 운동을 그 축에서 거꾸로 되돌리려고 노력하는 게 낫겠다.

Reading Material 124

To think of the future in relation to the present is essential to civilization. **The commonest workman in a civilized country does this.** Instead of spending all the money he earns **as fast as** he earns it, he will, if an intelligent man, save a large part of it as a provision against future want.

어휘 in relation to ~와 관련하여 intelligent 총명한 provision 준비, 저축

해석 현재와 관련하여 미래를 생각하는 것은 문명에 있어 필수적이다. 문명국가에서 가장 평범한 노동자라도 그렇게 한다. 그가 만일 현명한 사람이라면 번 돈을 모두 소비하는 대신에 미래의 궁핍에 대비한 준비로 돈의 많은 부분을 저축할 것이다.

부정 구문

빈출핵심구문 맛보기

91 **Hardly any** trees were found on the hill.
(언덕 위에는 나무가 거의 없었다.)

92 He is **not always** content with his life.
(그가 언제나 그의 삶에 만족하는 것은 아니다.)

93 It was **not without** reason that he did such a thing.
(그가 그런 일을 한 데 이유가 없는 것은 아니었다.)

94 It is **not** the work itself, **but** overwork, that is hurtful.
(해로운 것은 일 그 자체가 아니라 과로인 것이다.)

95 His reply to my question was **far from** (being) satisfactory.
(내 질문에 대한 그의 대답은 전혀 만족스럽지 못했다.)

96 You can**not** be **too** careful about spelling.
(철자에 아무리 주의해도 지나치지 않다.)

149

Reading Skill 091

준부정 구문 *little, few(= hardly any, scarcely any, almost no), hardly, scarcely, seldom, rarely 등

❶ She **seldom [rarely]** wears this overcoat.
그녀는 이 외투를 거의 입지 않는다.

❷ **Hardly any** two words have precisely the same meaning.
두 개의 낱말이 정확히 같은 뜻을 가지는 경우는 별로 없다.

❸ It is **seldom** that it snows in this part of the country.
이 지역에는 눈이 거의 내리지 않는다.

❹ Today there are **few** houses that have no television sets.
요즘 텔레비전 수상기가 없는 집은 거의 없다.

cf. not a few, no few, quite a few: many
not a little, no little, quite a little: much

1) **Not a few** channels show different kind of programs, giving the viewer a wide range of entertainment to choose from.
많은 TV 채널에서는 시청자에게 오락 프로의 넓은 선택 폭을 주는 다양한 프로그램을 제공한다.

2) He has given me **not a little** trouble.
그는 내게 큰 곤란을 겪게 했다.

Reading Skill 092

부분 부정의 구문 *부정어 not, no, never와 함께 absolutely, all, altogether, always both, completely, each, entire(ly), every, exactly, generally, necessarily, quite, wholly 등이 쓰일 때

❶ **Not all** of the students will approve of the suggestion that the juice machine is to be brought in.
주스기를 들여오는 제안에 모든 학생이 다 동의하지는 않을 것이다.

❷ Susan has **not always** agreed with the conclusion we reached.
Susan은 우리가 내린 결론에 매번 동의하지는 않았다.

❸ Opportunities come to all, but **all** are **not** ready for them when they come.
기회는 모든 사람에게 오는 것이지만, 모두가 기회를 잡을 준비가 되어 있는 것은 아니다.

❹ Those who have read of everything are thought to understand everything; but it is **not entirely** so.
모든 것을 읽은 사람은 모든 것을 이해할 것이라고 생각하지만 전부 그렇지만은 않다.

❺ It is **not altogether** true that persuasion is one thing and force is another.
설득과 강요는 별개라는 것이 언제나 사실만은 아니다.

Reading **Skill 093**

이중부정의 구문
*부정어(no, not, never) + 부정어(but, without)로 긍정의 뜻을 표현

❶ There was **no** one who did **not** feel sympathy for the victims of the accident.
그 사고의 희생자들에게 동정심을 느끼지 않는 사람은 없었다.

❷ It is **not unusual** for a family to have more than one car to use in daily life.
한 가정에서 일상용으로 자동차를 한 대 이상 소유하는 경우는 드물지 않다.

❸ Some families claimed that their family life could **not** continue **without** TV.
어떤 가정은 TV가 없이는 살 수 없다고 주장했다.

❹ My father **never** works in the garden **without** complaining of a pain in the waist.
아버지께서는 정원에서 일하실 때마다 허리가 아프다고 호소하신다.

5 John takes after my father so much that I **never** look at him **but** I think of my father.
John이 우리 아버지를 너무 닮아서 그를 볼 때마다 아버지 생각이 난다.

> **Reading Skill 094**
>
> **not A ~ but B, not that ~ but that..., not because ~ but because..., not only ~ but also... 등의 부정어를 포함한 구문**

1 What our country needs today is **not** a hero, **but** unity of purpose.
오늘날 우리나라가 필요한 것은 영웅이 아니라 하나된 목표이다.

2 I enjoy teaching Korean high school students, **not because** they are especially intelligent, **but because** they make great effort to attain their goals.
나는 한국 학생들이 특별히 똑똑해서가 아니라 그들이 목표를 달성하기 위해 부단한 노력을 하기 때문에, 그들을 가르치는 것을 즐긴다.

3 **Because** a man is an excellent scholar, it does **not** follow that he is a good professor.
어떤 사람이 뛰어난 학자라고 해서 그가 반드시 훌륭한 교수인 것은 아니다.

4 Men are capable **not only** of fear and hate, **but also** of hope and benevolence.
인간은 두려움이나 증오심을 지닐 수 있을 뿐 아니라, 희망과 자비심도 지닐 수 있다.

5 His name is known **not** alone in Korea, **but (also)** all over the world.
그의 이름은 한국뿐 아니라 전세계에 알려져 있다.

6 He was **not** simply a painter and sculptor **but** an architect as well.
그는 화가이며 조각가일 뿐 아니라 건축가이기도 했다.

Reading Skill 095

no, never, not 등의 부정어를 쓰지 않는 부정 구문

① His reply to my question was **anything but** satisfactory.
내 질문에 대한 그의 대답은 결코 만족스럽지 못했다.

② He is **the last** person we want to represent us.
그가 우리를 대표하기를 결코 원하지 않는다.

③ The noise was **more than I could bear**.
= I couldn't bear the noise.
나는 더 이상 그 소음을 참을 수 없었다.

④ **Instead of** eating now, let's wait for mom to come home.
지금 먹지 말고 어머니께서 오실 때까지 기다리자.

⑤ His ideas are **too** difficult for me **to** understand.
그의 생각은 내가 이해하기에 너무 어렵다.

⑥ Even Big Ben **failed to** strike correctly one day when its chiming mechanism failed.
Big Ben조차도 어느날 타종 장치가 고장났을 때 정확한 시간을 알리지 못했다.

⑦ A new type of computer is (has) **yet** to be produced.
신형 컴퓨터가 아직 나오지 않았다.

⑧ His conduct is **above** suspicion.
그의 행동에는 의심의 여지가 없다.

⑨ His work is **beyond** all praise.
그의 업적은 칭찬의 단계를 넘어선 굉장한 것이다.

Reading Skill 096

그 밖의 부정어구가 들어 있는 관용 표현

❶ **It is impossible to** overestimate her musical talent.
그녀의 음악적 재능을 과대평가하는 것은 불가능하다.

❷ He is **not** such a fool **but** he can understand this formula.
(but = that~not)
= He is a boy clever enough to understand this formula.
그는 이 공식을 이해하지 못할 정도의 바보는 아니다.

❸ **It won't be long before** we all have a robot.
머지않아 우리는 모두 로봇을 소유할 것이다.

❹ He did **not** turn up **until** the meal was over.
그는 식사가 끝날 때까지 나타나지 않았다.

❺ The men **lost no time** in getting out to fight the locusts.
그 사람들은 즉각 메뚜기 떼와 싸우러 나갔다.

❻ No doubt, he meant to come, but something **prevented** him **from** coming.
그가 올 것이라는 것은 의심할 여지가 없었으나 무언가가 그가 오는 것을 막았다.

앞에서 제시한 Reading Skill에서 익힌 구문을 독해할 때 적용하며 학습할 수 있도록 필요한 어휘, 숙어, 해석을 하단에 수록했다.
최상의 독해 능력을 배양할 수 있도록 글 전체의 내용을 깊이 있게 학습해 보자.
결국 어휘나 문법은 독해를 위한 기본 학습에 불과하다.

Reading Material 125

The telephone rang **seldom**, but it always chose a bad moment, when there was nobody on that floor to answer. Mother would pick up her skirts and run upstairs, calling to it loudly "I'm coming! I'm coming!" but the fretful thing kept right on ringing. Father couldn't regard it as inanimate, either. He **refused to** be hurried like mother, but he scolded and cursed it.

[어휘] fretful 성가신, 귀찮은 inanimate 생명이 없는 curse 저주하다

[해석] 전화는 거의 울리지 않았지만, 항상 그 층에 전화를 받을 사람이 아무도 없는 나쁜 순간을 골라 울렸다. 어머니께서는 "지금 가요! 지금 가요!"라고 소리치시며 치맛자락을 잡고 위층으로 뛰어 올라가곤 하셨지만, 그 성가신 놈은 계속 울려댈 뿐이었다. 아버지께서도 그것을 생명력이 없는 것으로 여기지 않으셨다. 아버지께서는 어머니처럼 서두르지는 않으셨지만, 잔소리를 하고 저주를 퍼부으셨다.

Reading Material 126

Why don't I have a telephone? **Not because** I pretend to be wise or pose as unusual. There are two chief reasons: because I don't really like the telephone, and because I find I can still **do without** it. If you have a telephone in your house, you will admit that it tends to ring when you **least** want it to ring—when you are asleep, or in the middle of a meal or a conversation or a bath.

[어휘] pose as 짐짓 ~인 체하다 do without ~없이 지내다

[해석] 왜 내가 전화기가 없느냐? 잘난 체 하거나 남다른 체 하려고 그런 것은 아니다. 주된 두 가지 이유가 있다. 정말로 나는 전화가 싫고, 또 하나는 아직 전화 없이도 지낼 수 있기 때문이다. 집에 전화가 있으면, 그것이 울리기를 가장 바라지 않을 때, 즉 잠잘 때나 식사 중에 또는 이야기하거나 목욕할 때 울린다는 사실을 인정하게 될 것이다.

Reading Material 127

My husband is a born shopper. He loves to look at things and to touch them. He likes to compare prices between the same items in different stores. He would **never** think of buying **anything without** looking around in several different stores. On the other hand, I regard shopping as boring and unpleasant. If I like something and I can afford it, I buy it instantly. I **never** look around for a good sale or a better deal.

어휘 born shopper 타고나게 시장을 잘 보는 사람 boring 지겨운 afford ~을 감당하다, ~을 지불할 능력이 있다

해석 나의 남편은 선천적으로 시장을 잘 보는 사람이다. 그는 물건들을 바라보며 만져보는 것을 좋아한다. 그는 여러 가게에서 똑같은 물건의 가격을 비교하는 것도 좋아한다. 그는 어떤 물건을 사려고 할 때마다 여러 가게를 둘러본다. 반면에 나는 장보기를 지루하고 유쾌하지 않은 것으로 여긴다. 만일 내가 어떤 물건을 좋아하고 그것을 살 돈이 있으면, 나는 즉시 사버린다. 나는 싼 값에 사거나 좋은 물건을 사기 위해 둘러보는 일이 없다.

Reading Material 128

What he said will **not** be of much importance, **but** it will show you what a wonderful memory the distinguished author retains at his old age.

어휘 distinguished 저명한 retain 보류하다, 간직하다

해석 그가 한 말은 별로 중요하지 않을 것이다. 그러나 유명한 작가가 노년에도 얼마나 멋진 기억을 간직하고 있는가를 보여줄 것이다.

Reading Material 129

For more than a century and a half Americans like me have been busy describing the English. We have said the same things again and again, **not because** we couldn't think of anything different to say, **but because** all that time the English traits remained almost boringly the same. Although such unchanging ways may be rather boring, you can say one thing about England: you can depend on her, you can almost set your clock by her.

어휘 trait 특성, 버릇 her(= England) set a clock by ~에 시계를 맞추다

해석 한 세기 반이 넘도록 나같은 미국인들은 영국인을 묘사하느라고 바빴다. 우리는 같은 말을 반복해서 말해 왔는데, 우리가 말할 수 있는 다른 것을 생각해 낼 수 없어서가 아니라 그동안 영국인의 특징이 거의 언제나 지루하게도 똑같았기 때문이다. 비록 그러한 변함없는 방식이 상당히 지루한 것일지는 몰라도 당신은 영국에 관해 한 가지는 말할 수 있을 것이다. 당신은 영국을 믿을 수 있다는 것과 당신은 거의 언제나 영국을 보고 시계의 시간을 맞출 수 있다는 것이다.

Reading Material 130

"England is the land of mixture and surprise," wrote Emerson, and the mixture has puzzled most people who have tried to explain it. Because the English character is **not only** stable and uniform, **but also** various and heterogeneous. It is **not only** obvious, but also elusive. It is **almost impossible** to make general statements about the English national character.

어휘 mixture 혼합 stable 안정된(= firm) heterogeneous 다른, 이질의 elusive 알 수 없는, 붙잡기 어려운

해석 "영국은 혼합과 놀라움의 나라이다"라고 Emerson이 기록했다. 그리고 혼합이라는 것은 그 말을 설명하려는 많은 사람들에게 혼란을 일으켜 왔다. 왜냐하면 영국인의 성격은 안정되고 동질적이면서도 다양하고 이질적이기 때문이다. 이는 명백할 뿐 아니라 쉽게 잡히지 않는 것이기도 하다. 영국인의 국민성에 대해 일반적인 진술을 하기가 거의 불가능하다.

Reading Material 131

The whole conviction of my life now rests upon the belief that loneliness, **far from being** a rare and curious phenomenon, peculiar to myself and to a few other solitary men, it the central and inevitable fact of human existence.

어휘 conviction 신념, 확신 phenomenon 현상(pl. phenomena) inevitable 어쩔 수 없는, 피할 수 없는(= unavoidable)

해석 지금 내 인생의 모든 확신은 외로움이란 내 자신과 다른 외로운 사람들에게만 나타나는 드물고 특이한 현상이라거나 이상한 것이 아니라 인간의 존재에 있어 중심적이고 피할 수 없는 것이라는 믿음에 달려 있다.

Reading Material 132

In his earliest years, Einstein showed **no** obvious sign of genius; he **did not** begin talking until the age of three. At a Munich secondary school, he annoyed his teachers with his rebellious attitude. Said on: "You will **never** amount to anything."

어휘 Munich 뮌헨의 secondary school 중학교 rebellious 반항적인

해석 아주 어렸을 때 Einstein은 천재라는 어떤 분명한 징후도 나타내지 않았다. 그는 세 살이 되어서야 비로소 말을 하기 시작했다. 뮌헨의 중학교에서는, 그의 반항적인 태도로 선생님을 화나게도 했다. 그 선생님은 "너는 아무것도 될 수 없는 놈이야."라고 말했다.

도치·강조 구문

빈출핵심구문 맛보기

97 **Never** have I read such a dull book.
(이렇게 재미없는 책을 읽은 적이 없다.)

98 **Many a time** has he given me good advice.
(그는 나에게 여러 번 좋은 충고를 해주었다.)

99 **Wide is the gate** and broad the way that leads to destruction.
(파멸로 이끄는 길은 넓고 그 문은 열려 있다.)

100 **It** was some years ago **that** we were on the look out for a new house.
(우리가 새 집을 찾기 시작한 것은 몇 년 전의 일이다.)

101 I **did** tell you that you would have to put up with inconvenience.
(불편을 참아야 할 것이라고 네게 말했잖아.)

102 This is the **very** thing I have been looking for.
(이것이 내가 찾던 그 물건이다.)

- 문장의 어느 한 요소가 문두에 나오면
  1) 도치어구 + be동사, 또는 조동사 + 주어,
  2) 도치어구 + do + 주어 + 일반동사의 어순이 된다.

Reading Skill 097
부정어구가 문두에 오는 경우

❶ **At no** time does the plain look so beautiful as in early autumn.
초가을처럼 평원이 아름다워 보일 때도 없다.

❷ **Little** did I expect that I would see you again here in this little European town.
이렇게 작은 유럽 마을에서 당신을 다시 만날 줄은 생각도 못했다.

❸ **Never** in all my life have I heard such nonsense.
내 평생 이렇게 어처구니없는 말을 들어본 적이 없다.

❹ **Not** once did he mention your name.
그는 당신 이름을 한 번도 언급한 적이 없다.

❺ **Not until** he got off the bus did he realize he had his wallet stolen.
버스에서 내리고 나서야 그는 지갑을 도난당했다는 사실을 깨닫게 되었다.

❻ **Hardly** had he got into the bath **when [before]** the bell rang.
그가 욕조 속에 들어가자마자 벨이 울렸다.
= **Scarcely** had he got into the bath **when [before]** the bell rang.
= **No sooner** had he got into the bath **than** the bell rang.
= **As soon as** he got into the bath, the bell rang.

Reading Skill 098
부사(구)가 문두에 오는 경우

❶ **Often** did we go for a walk.
우리는 가끔 산책하러 나갔다.

❷ **Only** slow did he understand it.
그는 아주 천천히 그것을 이해했다.

③ On and on went the piper.
피리 부는 사람들이 계속 지나갔다.

④ At the foot of the bed stood a cradle with a baby in it.
침대 발치에는 아기가 누워있는 요람이 있었다.

⑤ Only when he had lost his father did he realize how much he meant to him.
아버지를 잃고 나서야 그는 아버지의 의미를 깨닫게 되었다.

Reading Skill 099
보어가 문두에 오는 경우

① So violent was the gale that the whole trees were uprooted.
돌풍이 하도 심하게 불어서 나무들이 모두 뿌리째 뽑혔다.

② Very delighted was she at the news that they had won the game.
그들이 게임에서 이겼다는 소식을 듣고 그녀는 매우 기뻤다.

③ So old was the document that it was barely decipherable.
그 서류는 하도 오래되어서 거의 판독할 수 없었다.

④ Blessed is he who devotes his life to great and noble ends.
위대하고 고귀한 목표를 두고 자신을 헌신하는 사람은 복 받은 자이다.

⑤ Such is a brief outline of Spanish literature.
스페인 문학에 관한 간략한 윤곽은 그러하다.

*그 밖에 목적어가 문두에 오는 경우

① We can know the past, but the future we can only feel.
우리는 과거를 알 수 있지만 미래는 다만 느낄 뿐이다.

② Excellent food they serve in this restaurant.
이 음식점은 음식이 훌륭하다.

❸ **All these complaints** he had to listen to, though he grew more and more impatient.
그는 점점 더 참을 수 없게 되었지만 이 모든 불평을 다 들어야만 했다.

Reading Skill 100

It ~ that (who/which/when) 강조 구문

❶ It was John **who** wore his best suit to the dance last night.
어젯밤 댄스파티에서 최고의 옷을 입고 온 사람은 바로 John이었다.

❷ It wasn't Jim, but John **that** was absent from school yesterday.
어제 학교에 결석한 사람은 Jim이 아니라 John이었다.

❸ It's dark green **that** we've painted the kitchen.
우리가 부엌에 칠한 색은 짙은 녹색이다.

❹ It's because he was ill **that** we decided to return.
우리가 돌아가기로 결정한 것은 바로 그가 아팠기 때문이다.

❺ It is by instinct **that** ants know how to collect food.
개미가 식량을 모을 줄 아는 것은 바로 본능에 의한 것이다.

❻ It is when I am in their company **that** I feel most at home.
내가 가장 편할 때는 그들과 함께 있을 때이다.

Reading Skill 101

조동사 do, 재귀대명사 또는 같은 어구를 반복하는 강조 구문

❶ **Do** be sure you've mowed the lawn before your father gets home.
아버지가 돌아오시기 전에 잔디를 다 깎아야 한다.

2 He declared that he would win the game, and he **did** win.
그는 게임에서 이기겠다고 선언했고 실제로 이겼다.

3 If you can read rapidly and with good understanding, you will probably find it easy to remember a good deal of what you **do** read.
만약 당신이 제대로 이해하고 빨리 읽을 수 있다면, 아마도 당신이 읽은 것의 많은 부분을 기억하기가 쉽다는 점을 깨달을 수 있을 것이다.

4 These are the cakes that she **herself** made.
이것이 그녀가 직접 만든 과자이다.

5 I can't help you. Do your assignment **yourself**.
너를 도울 수가 없구나. 네 스스로 숙제를 해라.

6 Sometimes planning for a trip can be almost as much fun as the trip **itself**.
여행을 계획하는 것은 때때로 여행 그 자체만큼이나 즐겁다.

7 She **talked and talked** and wouldn't let me say a word.
그녀는 계속 말을 하여 내게 한 마디도 말할 틈을 주지 않았다.

8 It was **silent and still** and round.
사방은 너무나 고요했다.

Reading Skill 102

그 밖의 강조 어구에 의한 강조 구문

1 He **who** criticizes others does not realize his own faults.
다른 사람을 비판하는 자는 자신의 잘못을 깨닫지 못한다.

2 What **on earth** are you talking about?
도대체 무슨 말을 하는 거예요?

3 Why **in the world** are you so late?
도대체 왜 이렇게 늦었어?

4 I have **nothing whatever to do** with their enterprise.
나는 그들의 일과 아무런 관계가 없다.

5 I'm **not** hungry at **all** since I've been in bad all morning.
오전 내내 몸이 좋지 않아서 전혀 배고프지 않았다.

6 I'm not in the **least** satisfied with the result of this experiment.
나는 이번 실험 결과에 결코 만족하지 않는다.

7 I may be immature, but you are **much (even/still/far/a lot) more** immature and self-centered than I.
나는 아직 미숙하다. 그러나 너는 나보다 훨씬 더 미숙하고 자기중심적이다.

8 Gary was **by far** the brightest in our class.
Gary는 분명 우리 반에서 가장 똑똑한 녀석이다.

9 Our house is **badly** in want of repair.
우리 집은 온통 수리할 곳투성이다.

10 Judy **highly** appreciated my proposal that we send him our own catalogs on American pocket calculators.
그에게 미국산 포켓용 계산기 카탈로그를 보내자는 우리의 제안에 Judy는 매우 고마워했다.

빈출핵심구문 **따라 잡기**

앞에서 제시한 Reading Skill에서 익힌 구문을 독해할 때 적용하며 학습할 수 있도록 필요한 어휘, 숙어, 해석을 하단에 수록했다.
최상의 독해 능력을 배양할 수 있도록 글 전체의 내용을 깊이 있게 학습해 보자.
결국 어휘나 문법은 독해를 위한 기본 학습에 불과하다.

Reading Material 133

She flung the door wide open for him, silently watched him go out, and **not until** she heard the front door close behind him, did she make a move at all. But then she threw herself down upon the sofa and burst into tears.

어휘 fling~wide open ~을 활짝 열다 throw oneself 몸을 내던지다

해석 그녀는 그를 위해 문을 활짝 열어주고는 말없이 그가 나가는 것을 지켜보았다. 그리고 그가 문을 닫고 나가는 소리를 듣고서야 비로소 몸을 움직였다. 그러나 그 다음 그녀는 소파에 몸을 내던지고 울음을 터뜨렸다.

Reading Material 134

Galileo carried on the construction of telescopes, and all the time he improved their quality and enlarged their power until he built one that magnified thirty times. **What the diameter of the object glass was** we do not know, perhaps two inches or a little more. Whatever its size, the telescope must have seemed like a magician's tool to the people of the time.

어휘 carry on 계속 ~을 하다 magnify 확대하다 What the diameter of the object glass was는 know의 목적어로 명사절

해석 Galileo는 망원경 만들기를 계속했다. 그리고 그는 항상 품질을 개선하고 성능을 개선시켜서 결국 30배로 확대되는 망원경을 만들어냈다. 대물렌즈의 직경이 얼마나 되었는지는 알 수 없으나 아마도 2인치 또는 그 이상이었을 것이다. 그 크기야 어찌 되었건, 망원경은 당시 사람들에게 마술사의 도구로 보였음에 틀림없다.

Reading Material 135

In Korea, as in Great Britain, old and new exist together, are indeed mingled: but so are East and West. In fact it is becoming increasingly less easy to separate the specifically Eastern and Western elements of Korean life and thoughts.

어휘 exist together 공존하다 mingle 섞이다
해석 한국은 영국과 마찬가지로 옛것과 새것이 함께 섞여 공존하고 있지만, 동양적인 것과 서양적인 것도 마찬가지로 함께 섞여 있다. 사실 한국인의 생활과 사고에 있어서 특별히 서양적인 것과 동양적인 것을 분리해내기가 점점 어려워지고 있다.

Reading Material 136

It happened in Paris. **Along the street leading to the square** where stands the church of St. Mary Magdalene walked a twelve year-old boy. He moved as if he were in a delightful dream, for he had just been listening to some famous music and its melody was still ringing in his ears.

어휘 Along 이하의 주어는 a twelve-year-old boy
해석 파리에서 일어난 일이다. 성 마리아 막달레나 교회가 있는 광장으로 가는 거리를 따라 12살 난 소년이 걸어갔다. 그는 마치 즐거운 꿈을 꾸고 있는 듯 걸어갔는데, 방금 어떤 유명한 음악을 듣고 있었고 그 멜로디가 아직도 귀에 맴돌고 있었기 때문이다.

Reading Material 137

Perhaps **it** is only in childhood **that** books have any deep influence on our lives. In later life we admire, we are entertained by, we may modify some views we already hold, but we are more likely to find in books merely a confirmation of what is in our minds already.

어휘 have influence on ~에게 영향을 미치다 modify 수정하다 confirmation 확인
해석 아마도 책이 우리의 삶에 깊은 영향을 미치는 것은 어릴 때인 것 같다. 나이가 들면서 우리는 감탄하고, 즐거움을 얻고 우리가 가진 몇 가지 견해를 수정하기도 하지만 책을 통해 이미 우리 마음속에 있는 것을 더 확고히 할 뿐이라는 것을 깨달을 가능성이 더 크다.

Reading Material 138

From the standpoint of daily life, however, there is one thing we **do** know: that man is here for the sake of other men—above all for those upon whose smile and well-being our own happiness depends.

어휘 standpoint 관점, 입장(= viewpoint) well-being 복지

해석 그러나 일상생활의 관점에서 볼 때 우리가 알고 있는 한가지가 있다. 사람은 타인을 위해 이곳에 왔다. 그들의 웃음과 안녕에 우리의 행복이 달려있다.

Reading Material 139

To write or even to speak English is **not** a science **but** an art. There are no reliable rules: there is only the general principle that concrete words are better than abstract ones, and that the shortest way of saying anything is always the best. Mere correctness is no guarantee whatever of good writing.

어휘 reliable 믿을 수 있는, 확실한 guarantee 보증(= warrant)

해석 영어를 쓰고 심지어 말하는 것은 과학이 아니라 예술이다. 신뢰할만한 규칙이 없는 것이다. 다만 추상적인 낱말보다는 구체적인 낱말이 좋다는 것, 그리고 어떤 말을 할 때 가급적 짧게 말하는 것이 최고의 방법이라는 일반적인 원칙만 있을 뿐이다. 단순히 정확성을 기했다하여 결코 좋은 작문이 되는 것은 아니다.

Reading Material 140

English is **the most** used international language **largely** because of the influence of the United States in world affairs. **The importance of a language is extremely dependent upon the importance of the people who speak it.** People all over the world speak English and freer communication between peoples is made possible because of an increasing knowledge of it.

어휘 international language 국제어

해석 대체로 미국이 세계에서 행사하고 있는 영향력 때문에 영어가 가장 많이 쓰이는 국제어인 것이다. 한 언어의 중요성은 그것을 사용하는 사람들의 중요성에 극도로 좌우된다. 전세계 사람들이 영어를 사용하고 있으며, 영어에 대한 지식이 점점 증가하기 때문에 타 민족들 사이에 더 자유로운 의사소통이 가능해졌다.

생략·삽입·공통·동격 구문

빈출핵심구문 맛보기

103 When **(he was)** a child, he had a great longing for the sea.
(어린 시절 그는 선원이 되기를 매우 갈망했다.)

104 I meant to call, but **(I)** had no time to **(call)**.
(전화하려고 했었는데 시간이 없었어.)

105 The encyclopedia, **to be sure**, is of great value.
(그 백과사전은 분명히 아주 가치있는 것이다.)

106 Herbert is young, **it is true**, but I assure you that he will not disappoint you.
(Herbert가 어린 것은 사실이지만, 그가 너를 실망시키지 않으리라고 확신한다.)

107 I am more interested in American, than in English, **literature**.
(나는 영국 문학보다는 미국 문학에 더 관심이 있다.)

108 My brother **fell off** a tree and broke his leg.
(내 동생이 나무에서 떨어져서 다리가 부러졌다.)

109 Gambling, **his only interest** in life, ruined him.
(그의 인생에서 유일한 관심거리인 도박으로 그는 망했다.)

110 Democracy is based on the idea **that all men are created equal.**
(민주주의는 모든 사람이 평등하다는 생각에 기초를 두고 있다.)

Reading Skill 103

관용적 생략 구문
*1) 시간, 조건, 양보의 부사절에서 S + V의 생략 2) 분사구문에서 being의 생략
 3) 감탄문에서의 생략

❶ The way one speaks is never more important than when **applying for a job**.
사람의 말투가 직업을 구할 때보다 더 중요한 경우는 없다.

❷ His jeans, **though expensive**, were too short for him.
그의 청바지는 비록 비싸기는 하나 그가 입기에는 너무 짧았다.

❸ He went out pipe in mouth and **stick in hand**.
파이프를 입에 물고 손에는 지팡이를 짚고 그는 나갔다.

❹ **An orphan at six**, he was brought up by a distant relative.
여섯 살 때 고아가 되어 그는 먼 친척의 손에서 자랐다.

❺ Everyone **gone**! (= I'm surprised to see that everyone is gone.)
모두 사라졌구나!

❻ Well, **what of that**! (= Well, what is the significance of that!)
아이고, 그게 얼마나 중요한 건데!

Reading Skill 104

반복을 피하기 위한 생략

❶ The sun shines in the day time, **and the moon at night**.
태양은 낮에 빛나고 달은 밤에 빛난다.

❷ To some life is pleasure, **to others suffering**.
어떤 이에게는 인생이 즐겁지만, 다른 이에게는 괴롭다.

❸ He works as hard as **you**.
그도 너만큼 열심히 일한다.

❹ Some of the foreign students studying at this college speak French, **and others Spanish.**
이 대학에서 공부하는 외국인 유학생들 중 일부는 불어로 말하고 일부는 스페인어로 말한다.

Reading Skill 105
어구의 삽입

❶ She seldom, **if ever**, goes to her parents' house.
그녀는 부모님 댁에 가기는 하는데 자주 가지는 않는다.

❷ An occupation, **after all**, modifies your character.
결국 직업이 당신의 성격을 바꾼다.

❸ Choosing an appropriate one, **therefore**, is very important to be sure.
따라서 적절한 것을 선택하는 것이 확실히 매우 중요하다.

❹ My son is making great, **if gradual**, progress in his study of English.
내 아들 녀석은 비록 더디기는 하나 영어 학습에 굉장한 발전을 보이고 있다.

❺ In France, **on the other hand**, all the people still depend on the farming for their living.
한편 프랑스에서는 모든 국민들이 여전히 생계수단으로 농업에 의존하고 있다.

Reading Skill 106
절의 삽입

❶ Honesty, **it has often been said**, is the best policy.
종종 일컬어지듯이 정직은 최선의 정책이다.

❷ He is an excellent doctor, **and what is more a man of character**.
그는 훌륭한 의사이며, 더욱이 인격 또한 갖추고 있다.

❸ If you are wrong, **and I am sure you are in the wrong**, you must apologize.
당신이 잘못했다면, 나 역시 당신이 잘못했다고 확신한다면, 사과해야 한다.

❹ Will you jot down anything you can remember **that you think will be useful to me**?
당신이 생각했을 때 제게 유용할 것 같은 기억들을 간략히 적어 주시겠어요?

Reading Skill 107

(x + y)a형의 공통 구문

❶ He is a teacher, and **not headmaster**, of this school.
그는 이 학교의 교사이지 교장은 아니다.

❷ She always looked, but **never** was, happy.
그는 늘 행복해 보였지만 실상은 결코 그렇지 않았다.

❸ I dislike to watch, **much more to participate in**, a baseball game.
나는 야구 경기 관람을 싫어하며, 경기에 참여하는 것은 더욱 싫어한다.

❹ The hotel bus brings visitors from, and **takes them back to**, the railway station.
호텔 버스는 방문객을 역에서 태워주고 또한 역까지 태워준다.

❺ Try to win, and **still more to deserve**, the confidence of those with whom you are brought into contact.
당신이 만나는 사람의 신뢰를 얻도록 노력하고 나아가서 신뢰를 받아 마땅한 사람이 되도록 노력하시오.

Reading Skill 108

a(x + y)형의 공통 구문

❶ **I loved** my mother and **hated** to disappoint her.
나는 어머니를 사랑했고 어머니를 실망시키고 싶지 않았다.

❷ Democracy is **the government** of the people, by the people, and for the people.
민주주의란 국민의, 국민에 의한, 국민을 위한 정부를 뜻한다.

❸ The exercises **should be** given at the end, and not at the beginning, of the class.
연습문제는 수업을 시작할 때가 아닌 끝날 때에 부과되어야 할 것이다.

❹ **A man** who is very rich, but who is not wise, is not a happy man.
돈만 많고 현명하지 못한 사람은 행복하지 않다.

Reading Skill 109

동격 어구

❶ Mr. Malcom, **our English teacher**, will leave for his mother country England next Monday.
우리 영어 선생님인 Malcom 씨는 다음 주 월요일에 자기의 조국인 영국으로 떠날 것이다.

❷ There is no possibility **of your father's approval of your plan**.
너의 아버지가 너의 계획에 동의할 가능성은 없다.

❸ **That fool of a driver** has gone again!
저 바보 같은 운전사는 또 가버렸군!

❹ The question **whether to confess or not** troubled the girl.
고백을 할 것이냐 말 것이냐 하는 문제가 그 소녀를 괴롭혔다.

❺ My task, **to do all that work in one day**, could not be accomplished.
하루에 그 모든 일을 해야 하는 내 임무는 달성될 수 없었다.

Reading Skill 110

동격절

1 My uncle, **who is working out in South America**, is returning this weekend.
남아메리카에서 일하시는 나의 삼촌은 이번 주말에 돌아오신다.

2 Is there any hope **that your plan will be adopted**?
당신의 계획이 채택될 가망이 있습니까?

3 All religion is founded on the belief **that human nature is capable of a change for the better**.
모든 종교는 인간성이 더 좋아질 가능성이 있다는 신념에 기초를 두고 성립된다.

4 We are all equal in this, **that we all have 24 hours in a day**; we differ simply in the way we use them.
우리는 하루에 24시간이 있다는 점에서는 모두 공평하다. 다만 그 시간을 어떻게 사용하느냐에 차이가 있다.

앞에서 제시한 Reading Skill에서 익힌 구문을 독해할 때 적용하며 학습할 수 있도록 필요한 어휘, 숙어, 해석을 하단에 수록했다.
최상의 독해 능력을 배양할 수 있도록 글 전체의 내용을 깊이 있게 학습해 보자.
결국 어휘나 문법은 독해를 위한 기본 학습에 불과하다.

Reading Material 141

His cell was damp and narrow, and the walls oozed muddy water. He suffered terribly from the cold. His left arm became stiff with rheumatism. His hand was gnarled and drawn with pain. But in spite of his misery and heartbreak, he wrote a history of the world while in prison—a history that is being studied in our schools and colleges even today—more than three hundred years after it was written.

어휘 cell 감방 ooze 줄줄 흐르다 stiff 뻣뻣한 rheumatism 류머티즘 gnarled 쭈글쭈글해진

해석 그의 감방은 축축하고 비좁았으며, 벽에는 흙탕물이 줄줄 흘러내렸다. 그는 감기를 지독하게 앓았다. 그의 왼쪽 팔은 류머티즘으로 뻣뻣했다. 그의 손은 통증으로 인하여 쭈글쭈글해지고 굳어 있었다. 그러나 그가 느끼는 불행과 비통함에도 불구하고 그는 감옥에 있는 동안 300년이 넘게 지난 오늘날까지도 학교와 대학에서 연구되고 있는 세계사를 저술했다.

Reading Material 142

Napoleon having utterly subdued Germany determined to keep her subdued and, therefore, limited the professional army which she might maintain to what he thought was a helpless minimum.

어휘 subdue 정복하다 professional army 직업군, 정규군

해석 Napoleon은 독일을 완전히 정복하고 나서 독일을 계속 정복된 상태로 남겨두기로 결정했고, 그리하여 독일이 유지할 수 있는 정규군의 수를 그가 생각하기에 무력하다고 여겨지는 최소한으로 제한해 버렸다.

Reading Material 143

Caesar was fifty-four and bald-headed, and Cleopatra was exuberant with the vitality of a youth of twenty-one; and as Caesar looked upon her, he was lifted, **as if by a tidal wave,** to the foamy crests of love and ecstasy. **By the ardor of her passion and the brilliance of her mentality**, she made Caesar her willing slave for life.

[어휘] bald-headed 대머리 exuberant 풍부한, 원기 왕성한 tidal wave 해일, 밀물 foamy 거품의 crest 볏, 꼭대기 ecstasy 무아경, 황홀 ardor 열정, 열성

[해석] Caesar는 54세로 대머리였고, Cleopatra는 21살의 활력을 지닌 원기 왕성한 여자였다. 그리고 Caesar가 그녀를 바라볼 때 그는 마치 해일을 만난 것처럼, 물거품과 같은 사랑과 황홀감의 절정에 이르렀다. 그녀의 격렬한 열정과 뛰어난 지성으로 그녀는 Caesar가 평생 스스로 자신의 노예가 되게끔 만들어 버렸다.

Reading Material 144

In the last few years I have listened to score of young people, in college and out, who are nervous about the adult world. They look at the society they are entering with bewilderment and mistrust—if not, like the hippies, with loathing and despair—and increasingly they tend to reject it.

[어휘] be nervous about ~을 걱정하다 bewilderment 당황 mistrust 불신 loathing 강한 혐오

[해석] 지난 몇 년 동안 나는 대학의 안팎에서 어른들의 세계에 대해 걱정하는 많은 젊은이들의 이야기를 들었다. 그들은 당혹함과 불신에 찬 눈으로 그들이 나아가야 할 사회를 바라보고 만약 그렇지 않다면 마치 히피들처럼 강한 혐오심과 절망감으로 사회를 바라보면서 점점 더 그 사회를 거부하는 경향을 띤다.

Reading Material 145

The radio, the movie, the airplane have, or should have, taught us that technology may be beneficent, **but may also serve evil purposes**, that the acceptance of these productions can not remain superficial but must enter into and profoundly alter the organization of our societies.

어휘 beneficent 유익한 acceptance 수용 productions 생산품 alter = change

해석 라디오와 영화 그리고 비행기는 기술이 우리에게 유익한 것이지만 나쁜 목적으로도 사용될 수 있으며, 그리하여 이러한 생산물을 받아들이는 것이 피상적인 의미를 지니는 것이 아니라 우리 사회 조직에 들어와서 깊이 변화시킬 수도 있다는 점을 가르쳐 왔고 또 그랬어야만 했다.

Reading Material 146

On a balloon flight you do not start with a destination in mind. Your course is charted by the invisible flow of air currents. You become part of the breeze. All is leisurely; all is peaceful. There is no fighting the wind. A flight in a balloon, **I discovered**, has a drifting, dreamlike quality. You seem escaping from the nervous, violent, straining twentieth century. Throughout there is a restful sense of cooperating, **instead of competing**, with nature.

어휘 destination 목적지 breeze 산들바람 dreamlike 꿈같은 strain 긴장시키다

해석 기구를 타면 당신은 마음속에 어떤 목적지를 생각하고 떠나지는 않는다. 당신이 가는 길은 보이지 않는 대기의 흐름에 의하여 결정된다. 당신은 바람의 한 부분이 되는 것이다. 모든 것이 느긋하고 모든 것이 평화롭다. 바람과 싸울 수도 없다. 기구 비행은 정처 없이 떠돌며 꿈과 같은 특징이 있다는 것을 나는 깨달았다. 당신은 불안하고, 폭력적이며, 긴장의 연속인 20세기로부터 도피하는 것처럼 보인다. 거기에는 자연과의 경쟁이 아닌 평화롭게 협력한다는 느낌이 있다.

Reading Material 147

The happy man is **the man who** lives objectively, **who** has free affections and wide interests, **who** secures his happiness through these interests and affections and through the fact that they, **in turn**, make him an object of interest and affection to many others.

어휘 objectively 객관적으로 affection 애정

해석 행복한 사람이란 객관적인 삶을 살고, 자유로운 애정과 광범위한 관심이 있고, 이러한 관심과 애정을 통하여 그리고 그것들이 다른 많은 이들의 관심과 애정의 대상이 되게 한다는 사실을 통하여 자신의 행복을 확보하는 사람이다.

Reading Material 148

The word "peace" is used on different sides in very different senses. In a sense, it is for the sake of peace that nations go to war with each other— **meaning that peace which comes from victory over the other side.** So we have the slogan, "To fight for peace."

어휘 victory over ~를 이김

해석 "평화"라는 낱말은 여러 가지 다른 의미로 여러 가지 다른 분야에서 쓰인다. 어떤 면에서는 국가들이 서로 전쟁을 하는 것도 평화를 위한 것이며, 그것은 상대방에게 승리함으로써 오는 평화를 뜻하는 것이다. 그래서 우리는 "평화를 위하여 싸운다"라는 구호를 내세우는 것이다.

영문 독해
실전 따라잡기

독해 문제는 영어 실력을 측정하는 중요한 수단으로서 어휘력, 독해력, 문법력이 요구된다. 이에 대한 대응책으로 영문을 많이 읽고 폭넓은 정보 습득에 힘을 쏟아야 한다. 또한 한정된 시간과의 싸움이므로 출제자의 의도를 빨리 파악해야 한다. 여기서는 다양한 종류의 중장문 독해지문과 독해실전문제를 제공한다.

영문 독해 접근법

1 의미

영어 시험에서 독해력 문제는 영어 실력을 판가름하는 중요한 수단으로 가장 폭넓게 이용하는 문제 유형이다. 여기서는 어휘력, 독해력, 문법력 따위의 종합적인 언어 실력을 평가하게 된다. 다시 말해 앞에서 제시한 주제, 요지, 내용 파악 따위와는 달리 주어진 지문(reading material)을 읽고 난 다음에 읽은 내용을 얼마나 이해하고 있는가의 독해 능력을 묻는 문제 유형이 주류를 차지한다.

2 출제 경향

우리나라 수험자에게 가장 알려진 문제 유형임은 물론 출제자의 입장에서도 독해력 문제를 선호하는 경향이 있으므로 점수를 얻기에 유리한 part임에는 틀림없다. 그러나 일정한 영어 실력을 갖추지 못한 수험생들에게는 더없이 어려운 문제 유형일 수도 있다.

종래의 시험 문제에서는 역사적인 사건, 학문적인 특성, 시사적인 상식, 당면한 현실적인 문제, 인간의 미래 따위와 관련된 논설적인 문제가 주류를 이루었으나 최근에는 실용적인 영어의 비중이 증가하여 우리의 일상생활과 관련된 모든 것들이 출제의 대상이 되고 있는 추세이다.

출제 경향상 문제의 다양화에도 대비를 해야 하겠으나 주어진 지문(reading material)이 점차 길어짐으로 인하여 수험자들에게 상당한 속독 능력을 요구하기에 이르렀다.

3 수험 대책

독해 문제에 관한 대응책은 여러분이 되도록 다양하고 폭넓은 영어 문장들을 읽음으로써 각종 지식과 정보를 쌓는 것에 힘써야 한다는 것이다.

단지 독해라는 part가 여러분에게 영어의 언어적 능력을 테스트하는 도구가 아니라 여러분이 접하지 못한 각종 지식과 정보를 흡수하는 장치로써 단순한 영어 실력 이상의 경험이나 교양, 심지어는 상식 문제까지도 포괄하는 개념으로 인식하는 것이 여러분의 독해 학습에 도움이 될 것이다.

여러분이 실전에서 가장 집중해야 할 점은 "어떤 유형의 문제인가?"보다는 "어떤 내용의 문제인가?"에 주안점을 두어야 하며, 속독 능력 또한 길러야 한다는 점이다. 결국 독해 문제는 한정된 시간과의 싸움이므로 문제를 해결하기 위한 접근 방법이 매우 중요하다. 다시 말하면 지문을 읽기 전에 문제를 읽어보면 대강이나마 어떤 내용에 관한 것인지, 질문의 요점이 무엇인지를 사전에 파악할 수 있고 그로 인해 속독 능력을 향상시킬 수 있다는 것이다.

즉, 출제자의 의도를 재빨리 파악하는 것이 무엇보다 중요하다.

효율적인 독해를 위해서는 앞에서부터 순서대로 읽는 습관이 필요하다. 읽으면서 우리말로 해석하는 버릇을 버려야 독해 속도가 빨라지고 오역을 피할 수 있다. 그리고 독해 도중엔 사전에 의존하지 말자. 뒷문장을 읽어보면 앞에 나온 생소한 단어의 의미를 자연히 알 수 있는 경우가 많다.

단문 독해 무조건 따라잡기

단문 독해 요령
단문은 비교적 압축되어 있는 문장을 제시하는 경향이 있으므로 문장에서 제시된 어휘 중에서 주제어나 핵심어를 찾으면 내용에 대한 접근이 쉽다. 문법적인 측면에서는 문장의 형태나 구성에 유의할 필요가 있다. 무엇보다도 올바른 독해의 요령은 글을 읽는 속도와 이해하는 정도에 의해 결정되는데 이를 위해서는 어휘력과 문법 실력을 겸비해야만 한다. 그러나 작문이나 번역 차원이 아니기 때문에 세세하게 접근할 필요는 없다. 왜냐하면 주어진 문제 풀이 시간이 한정되어 있기 때문이다. 또한 시간적 제한에서 자유로워질 수 있도록 영문 그대로 이해하려고 노력하는 습관이 매우 중요하다.

Reading Material 1 Popular Pets (애완동물)

Cats and dogs are both popular pets. But cats are nicer pets in some ways. Cats are cleaner, first of all. They stay very clean and they do not make the house dirty. Cats are also quieter than dogs. They usually do not make a lot of noise. Cats are safer, too. Dogs sometimes bite people, but cats almost never do. And finally, cats are easier to take care of. You do not have to spend much time with a cat. In fact, many cats prefer to be alone.

[해석] 애완동물
개와 고양이는 모두 인기 있는 애완동물이다. 그렇지만 고양이가 어떤 면에서는 더욱 좋은 애완동물이다. 우선 고양이가 훨씬 청결하다. 그들은 매우 깨끗하게 머물며 집을 더럽히지 않는다. 고양이는 개보다 훨씬 조용하다. 그들은 일반적으로 많은 소란을 피우지 않는다. 고양이는 또한 더욱 안전하다. 개들은 때때로 사람을 물지만 고양이는 거의 물지 않는다. 그리고 마지막으로 고양이는 돌보기가 훨씬 수월하다. 당신은 고양이와 많은 시간을 보낼 필요가 없다. 많은 고양이들은 홀로 있기를 좋아하기 때문이다.

어휘

popular 인기 있는 pet 애완동물 first of all 우선, 제일 먼저 dirty 더러운 make a noise 떠들다, 소란을 피우다 take care of(= look after) 돌보다 prefer to ~하기를 좋아하다

Reading Material 2 Grammar (문법)

The use of language is controlled by three factors: grammar, rhetoric, and usage. Grammar is the science of what is permissible in the language; rhetoric is the art of what is effective. Grammar concerns itself with the possible ways of saying something, rhetoric with the best way. A writer or speaker in choosing the best way must know grammar. His choice must also be influenced by usage, the pattern of ways in which people actually use the language in any time, place, and circumstance. Over the history of the language, usage is the source of grammar; but in any given circle, usage rarely involves all the grammatical resources of the language.

해석 문법

언어의 사용은 세 가지 요소들, 즉 문법, 수사학, 관용어법에 의해 조절된다. 문법은 언어에서 허용될 수 있는 것이 무엇인가를 연구하는 과학이며, 수사학은 효과적인 표현법의 기술이다. 문법은 어떤 것을 표현하는 가능한 방법들을 다루며, 수사학은 최선의 방법을 다룬다. 최선의 방법을 선택할 때 작가나 화자는 필연적으로 가능한 방법들 중에서 선택해야 한다. 즉 그는 문법을 알아야 한다. 그의 선택은 또한 관용어법, 즉 어떤 시간, 장소, 환경 속에서 사람들이 실제로 언어를 사용하는 방법들의 유형에 의해서도 영향을 받는다. 언어의 역사에 있어서 관용어법은 문법의 근원이다. 그러나 주어진 어떤 범주에서, 관용어법이 언어의 모든 문법의 원천들을 포함한 적은 드물다.

어휘

control 지배하다(= govern), 통제하다(= handle, regulate, restrain) rhetoric 수사학, 작문법 permissible 허용된, 무방한(= allowable, legal) concern ~에 관계하다(= relate to, refer to) select 고르다, 선택하다(= choose, pick) involve 포함하다(= contain, include ↔ exclude, rule out)

Reading Material 3 Language (언어)

We cannot talk usually about a language without talking about culture, for they are inseparable. The most important element in any culture is language, not only for day-by-day communication, but for preserving the community from generation to generation. Individuals die, but the culture which flows through them, and which they help to create and to change, is all but immortal. Without words the flow would cease, the culture wither away.

해석 언어

우리가 문화에 관하여 이야기하지 않고서는 한 언어에 관하여 유용한 이야기를 할 수 없다. 왜냐하면 그것들은 분리될 수 없기 때문이다. 어느 문화권이건 매일의 의사소통뿐만 아니라 대대로 사회 공동체를 보존하기 위하여 가장 중요한 요소는 언어이다. 각 개인들은 죽지만, 그들을 통해서 흐르는 문화 그리고 그들이 창조하고 변화하는 것을 도왔던 문화는 거의 영원하다. 언어가 없다면, 그 흐름은 중단될 것이고 그 문화는 시들어 없어질 것이다.

어휘

inseparable 분리될 수 없는 element 요소 day-by-day communication 매일의 의사소통 preserve 보존하다 generation 세대 individual 개개인 immortal 불사의, 불멸의, 영원한 cease 중단하다 wither away 시들어 없어지다

Reading Material 4 Learning Another Language (다른 언어를 배우는 것)

Learning another language is important, because it enables us to communicate with people in a different country and to learn more about that culture. But the real importance of learning another language goes even deeper. It makes us realize the relativity of our values, be they cultural or linguistic. In this way, we come to understand that our way of looking at reality is not the only way, that our values may not be the only ones. Learning a foreign language is a double experience: as we learn about the new language, this new knowledge makes us discover more about our own language.

[해석] 다른 언어를 배우는 것

다른 한 언어를 배우는 것은 중요하다. 왜냐하면 그것은 우리가 다른 나라 사람들과 의사소통을 하고 그 나라의 문화에 관하여 보다 많은 것을 배울 수 있게 해주기 때문이다. 또 다른 한 언어를 배우는 참된 중요성은 보다 깊은데 있다. 그것은 우리의 가치가 문화적인 것이든 언어적인 것이든 간에 그것들의 상대성을 우리가 깨닫도록 해준다. 이런 면에서 현실을 바라보는 우리의 방법이 유일한 방법이 아니고 우리의 가치가 유일한 것이 아닐지도 모른다는 것은, 우리가 그 새 언어에 대하여 배우고 이 새로운 지식이 우리 자신의 언어에 대하여 보다 많은 것을 발견하게 한다는 점에서 이중적인 경험이다.

[어휘]

enable~to do: ~가 …하는 것을 가능하게 하다 realize 깨닫다, 자각하다 relativity 상대성 cultural 문화의 linguistic 언어(학)적의 come to V ~하게 되다 reality 현실

Reading Material 5 Reading (독서)

Reading is an endless opportunity, an ever-open door to evergreater mental growth. Practically all the wisdom of the world is in books. Therefore, no matter how busy you may think you are, you must find time for reading now, or you must surrender yourself to self-chosen ignorance. Random reading, however, is usually not so useful as organized reading.

[해석] 독서

독서는 끝없는 기회이다. 즉 계속해서 보다 큰 정신적 성장에 대해 열려 있는 문과 같다. 실제로, 세계의 모든 지혜는 책 속에 있다. 따라서 당신이 아무리 바쁘다고 생각할지라도 당신은 당장 독서를 위한 시간을 내야 한다. 그렇지 않으면 당신은 당신 자신이 선택한 무지에 굴복해야만 한다. 그러나 마음 내키는대로 독서를 하는 것은 대개 체계적인 독서만큼 유용하지 못하다.

[어휘]

endless 끝없는 opportunity 기회 mental 정신적인 ignorance 무지 random reading 무분별한 독서 organized reading 체계적인 독서

Reading Material 6 Errors (실수)

Life is not all pain and bitter disillusion. If it were, life would be unbearable, and not worth living. As we grow older, we learn to accept philosophically the trials and hardships of life. We learn wisdom from our errors. Sometimes it is only by making mistakes that we can really know how to live correctly.

해석 실수

인생은 항상 고통과 괴로운 환멸만은 아니다. 만약 인생이 그렇다면 그것은 참을 수 없는 것이고 살 가치가 없는 것일 것이다. 우리가 점점 나이가 들어가면 철학적으로 인생의 시련과 고난들을 받아들이는 법을 배운다. 우리는 우리의 실수에서 지혜를 배운다. 때때로 우리가 올바르게 사는 법을 정말로 알 수 있게 되는 것은 바로 실수에 의해서다.

어휘

pain 고통 bitter 쓴, 괴로운 disillusion 환상을 깨다, 환멸 unbearable 참을 수 없는 worth ~ing ~할 가치가 있는 philosophically 철학적으로 trial 시련 hardship 고통, 고난

Reading Material 7 Energy Crisis (에너지 위기)

The current energy crisis is but the latest in a number of roughly similar problems in the history of our civilization. The first such crisis came far before recorded history, centering on food. The meat eaters became greedy and killed a large part of the once plentiful supply of game. But instead of withering on the vine, the human race developed agriculture with revolutionary results.

해석 에너지 위기

현재의 에너지 위기는 우리의 문명사에 있었던 수많은 유사한 문제들 중 단지 가장 최근의 위기일 뿐이다. 최초의 그러한 위기는 식량을 중심으로 하여 역사 기록 시대 훨씬 이전에 닥쳤었다. 육식을 하는 사람들은 탐욕스러워져서 한때 풍부하게 공급되던 많은 사냥감을 죽였다. 그러나 좌절하지 않고 인간은 혁명적인 결과를 지닌 농업을 발달시켰다.

어휘

current 현재의, 널리 유통되는 energy crisis 에너지 위기 a number of(= many roughly, almost) 거의 similar 유사한 centering on ~을 중심으로 하여 greedy 탐욕스러운, 게걸스러운 plentiful 풍부한 supply 공급 game 사냥감 wither 시들다, 마르다, 고갈하다; 좌절하다(의역) vine 포도나무, 넝쿨 agriculture 농업 revolutionary 혁명적인

Reading Material 8 Allergy (알레르기)

Are you allergic to the 20th century? The symptom of 20th century allergy is not sneezing—it's stress. Stress is as common to the body as a sneeze, yet it can result in much greater danger. The experts agree—stress is an inevitable part of life, and is life-threatening. Dr. Hans Selye defines stress as "the nonspecific response of the body to any demand made upon it." In other words, it's the wear and tear caused by life.

해석 알레르기
20세기에 알레르기를 느끼는가? 20세기 알레르기 증상은 재채기가 아니라 스트레스다. 스트레스는 재채기만큼이나 우리 몸에 흔히 일어나는 현상이지만, 그것은 보다 큰 위험을 초래할 수 있다. 전문가들은 스트레스가 피할 수 없는 생명체의 한 현상이지만 그것이 생명체를 위협하고 있다는데 동의한다. Hans Selye 박사는 스트레스를 "신체에 가해진 어떤 요구에 대한 불특정 반응"이라고 정의한다. 다시 말하면 그것은 생활에 의해 야기된 소모현상이다.

어휘
allergic 알레르기의, 신경과민의 symptom 증상, 징후 sneeze 재채기 common 일반적인, 공통의, 흔히 일어나는(원인) result in(결과) ~을 초래하다 expert 전문가 inevitable 피할 수 없는, 필수 불가결의 life-threatening 생명체를 위협하는 define A as B: A를 B로 정의하다 nonspecific 불특정한 response 반응 demand 요구 wear and tear 소모, 마멸

> **R**eading Material 9 Computer (컴퓨터)
>
> Computers are very useful, but they also can cause problems. One kind of problem is with the computer's memory. It is not perfect, so sometimes computers lose important information. Another problem is with the machinery. Computers break down, they may erase information, like chalk on a blackboard. Or they may top doing anything at all. And there is another, different kind of problem with computers. Some doctors say they may be bad for your health. They say you should not work with computers all day.

해석 컴퓨터

컴퓨터는 매우 쓸모가 있지만 또한 문제를 일으킬 수 있다. 한 가지 종류의 문제는 컴퓨터의 메모리와 관련된 것이다. 그것은 완벽하지 못하다. 그래서 때때로 컴퓨터는 중요한 정보를 잃어버린다. 또 하나의 문제는 기계와 관련된 것이다. 컴퓨터는 기계이다. 그리고 기계는 고장 날 수가 있다. 컴퓨터가 고장 났을 때 그것들은 마치 칠판의 분필처럼 정보를 지울지도 모른다. 또한 그것들은 뜻밖으로 하던 일을 멈출지도 모른다. 또 한 가지 다른 종류의 컴퓨터의 문제가 있다. 어떤 의사들은 컴퓨터가 당신의 건강에 나쁠지도 모른다고 말한다. 그들은 당신이 하루 종일 컴퓨터를 가지고 일하지 말아야 한다고 충고한다.

어휘

cause ~을 야기하다 memory 기억(장치) perfect 완벽한 information 정보 machinery (집합적) 기계류 break down 고장나다 erase 지우다

Reading Material 10 College (대학)

College can do a great many things for many people in terms of education, career preparation, and training, in addition to helping them to grow as human beings. There are many good reasons for going to college. It does not matter whether your main interest is career preparation, your own personal growth, intellectual and emotional fulfillment, simple curiosity, or the desire to have a good time. If you want to go to college, whatever the reason, go. But if college doesn't interest you, do something else. Whatever you decide, remember that that decision is not irrevocable. If you decide to go to college, you will always have the opinions of dropping out, transferring, and taking some time off. If you decide not to go to college now, you can always go sometime in the future.

해석 대학

대학은 교육, 직업 준비 및 훈련이라는 관점에서 많은 사람들을 위해 대단히 많은 일을 할 수 있으며, 이외에도 사람들이 인간으로서 성장하도록 도와준다. 대학에 가는 데에는 많은 훌륭한 이유들이 있다. 당신의 주요 관심사가 직업 준비든, 당신 자신의 수양이든, 지적이고 감성적인 성취든, 단순한 호기심이든, 또는 시간을 잘 보내겠다는 욕망이든 상관없다. 대학에 가고 싶으면 그 이유가 무엇이든 가라. 그러나 대학에 흥미가 없으면 다른 것을 해보라. 당신이 무엇을 결정하든, 그 결정은 돌이킬 수 없는 것이 아님을 명심하라. 당신이 대학에 가기로 결정하면, 당신은 언제든지 중퇴를 하고, 진학을 하고, 잠시 동안 떠나 보는 등의 선택권을 가질 것이다. 당신이 당장 대학에 가지 않기로 결정하면, 다음에 언제라도 갈 수 있다.

어휘

preparation 준비, 대비(= readiness, arrangement) fulfillment 성취(= achievement, performance, accomplishment) irrevocable 돌이킬 수 없는(= unchangeable, irreversible) option 선택(권)(= choice, alternative) transfer 옮기다, 전학하다(= change, move) drop out 낙제하다, 중도 퇴학하다(= stop attending or taking part) take off 휴가를 내다, 쉬다(= have a holiday) in terms of ~의 견지에서(= with regard to, from the point of view) in addition to ~에 더하여(= as well as, besides)

Reading Material 11 Science (과학)

Since World War Ⅱ, Americans have debated the benefits of scientific progress. They have realized that scientific developments can endanger as well as help humankind. On the one hand, science and technology have given Americans a high standard of living, greater longevity than ever before and exciting achievements in space exploration. On the other hand, science and technology have produced the dangers of radioactivity, toxic wastes, environmental disruptions and the threat of nuclear weapons. Americans are responding to these concerns on a variety of fronts, including international arms, development of long-term disposal sites in remote areas for nuclear wastes and creation of a "Superfund" program to clean up dangerous chemical waste sites that threaten health.

[해석] 과학

제2차 세계대전 이후, 미국인들은 과학의 진보가 주는 이익에 관해 토론해 왔다. 그들은 과학 발전이 인류를 도울 수 있을 뿐만 아니라 위험에 처하게 할 수도 있다는 것을 인식했다. 한편으로, 과학과 기술은 높은 생활수준, 이전의 어느 때보다도 더 긴 수명 그리고 우주탐사에서의 흥미로운 업적을 미국인들에게 제공해 주었다. 다른 한편으로, 과학과 기술은 방사능, 유독성 폐기물, 환경 파괴 및 핵무기의 위협을 초래했다. 미국인들은 전 세계적 군축 협상, 환경 보호법, 외진 곳에 위치하는 핵폐기물 장기처리 시설의 개발, 건강을 위협하는 위험한 화학 물질 폐기, 지역의 정화를 위한 "슈퍼 펀드" 계획의 설립 등을 비롯한 다양한 분야에 대한 관심사에 대응하고 있다.

[어휘]

benefit 이익(= advantage, profit, gain) endanger 위험에 빠뜨리다(= imperil, menace, put in danger) longevity 수명(= lifespan), 장수 radioactivity 방사능 toxic 유독한(= poisonous, noxious) disruption 분열 threat 위협(= warning, menace) front 전선(= forward), 방향 negotiation 협상(= bargaining, agreement) disposal 처분, 정리, 배치 a variety of 다양한(= various, numerous, many) clean up 청소하다, 청산하다

Reading Material 12 Stress (스트레스)

Our living and working condition may put us under stress. Overcrowding in large cities, traffic jams, competition for jobs, worry about the futures, any big chance in our lives, may cause stress. Some British doctors have pointed out that one of Britain's worst waves of influenza happened soon after the new coins began to be used. Also if you have changed jobs or moved houses in recent months you are more likely to fall ill than if you haven't.

해석 스트레스

우리들의 생활환경과 작업환경이 우리들에게 스트레스를 준다. 대도시의 인구 과밀, 교통 혼잡, 직장을 구하기 위한 경쟁, 장래에 대한 걱정, 그 밖의 우리 생활에서의 여러 가지 중대한 일들이 스트레스를 유발한다. 몇몇 의사들은 영국에서 가장 심각하게 유행했던 독감 중 하나가 새로운 동전이 사용된 직후에 발생했다고 지적했다. 또한 당신이 최근 몇 달 동안 이직을 했거나 이사를 했다면 그렇지 않았을 때보다 병에 걸릴 가능성이 더 높다.

어휘

overcrowding 인구 과밀 influenza 독감

Reading Material 13 Genetics (유전학)

Genes are the units within sex cells such as the sperm and egg that transmit specific hereditary traits from one generation to the next. The study of inherited traits has become essential to anthropologists in seeking to understand human variations and differences between races. Genetics has modified the theory of progressive evolution somewhat, because it has been shown by experiment that there may be genetic reversals—that is, reversions back to traits and characteristics thought to be discarded in the hereditary process.

해석 유전학

유전자는 한 세대에서 다음 세대로 특정 유전형질을 전이시키는 정자와 난자 같은 성세포내의 인자이다. 유전되는 형질에 대한 연구는 인간의 다양성과 종족 간의 차이를 이해하고자 하는 인류유전학자들에게는 필수적인 것이 되었다. 유전학은 진보적 진화론을 다소 수정했는데, 유전적 역행 현상일지 모르는 실험을 통하여 형질과 특성에 복귀 유전되는 것은 유전과정에서 폐기되는 것으로 간주되었기 때문이다.

어휘

gene 유전자 sperm and egg 정자와 난자 hereditary trait 유전형질

Reading Material 14 Mummy (미이라)

It was important in the ancient Egyptian way of life to preserve the body physically after death. The Egyptians had an elaborate notion of the afterlife and felt that to take full advantage of it, the physical body must remain in existence. They took great precautions, therefore, in the treatment of corpses, especially of high-placed individuals and most particularly of pharaohs. The internal organs (which decayed most easily) were removed and stored separately in stone jars, although the heart, as the very core of life, was replaced in the body. The body was then steeped in chemicals. No secret, forgotten preservatives were involved. Common substances such as beeswax, oil, and salt were used, though the procedure could be very complicated and took up to seventy days. The body was then wrapped in bandages which were smeared with pitch to make them waterproof.

해석 미이라

고대 이집트인의 생활방식에서 사후에 신체를 물리적으로 보존하는 것은 중요한 일이었다. 이집트인들은 사후세계에 대해 정교한 관념을 가지고 있어서 사후생활을 십분 활용하도록 육체를 보존해야 한다고 생각했다. 그래서 시체처리에 면밀한 주의를 기울였는데 지위가 높은 사람이나 파라오의 경우에는 특히 그러했다. 생명의 핵심인 심장은 신체에 되돌려놓고 가장 부패하기 쉬운 내부장기는 돌항아리에 따로 보관했다. 그런 후에 시체는 화학 약품에 담겨졌다가 지금은 잊혀진 게 당연한 보존법이 수반되었다. 밀랍, 기름, 소금과 같은 보통의 물질이 사용되었지만 절차가 복잡해서 70일이 걸리기도 했다. 그리고나서 방수처리를 위해 역청을 바른 붕대로 신체를 감았다.

어휘

elaborate 정교한 notion 개념 corpse 시체 internal organs 내장 steep 담그다 wrap 감다 smear ~를 바르다

Reading Material 15 Art History (미술사)

Art historical scholarship depends greatly on the broad experience, intuitive judgment, and critical sensitivity of the scholar in making correct attributions. An extensive knowledge of the historical context in which the artist lived and worked is also necessary, as well as empathy with and understanding of a particular artist's ideas, experiences, and insights.

해석 미술사
미술사에 대한 학식은 정확한 속성을 부여할 때 학자의 폭넓은 경험, 직관적 판단, 비평 감각에 크게 의존한다. 특정 예술가의 사상, 경험, 통찰력에 대한 공감과 이해뿐만 아니라 그 작가가 작품을 만들고 살았던 역사적 배경에 대한 광범위한 지식 역시 필요하다.

어휘
intuitive judgement 직관적 판단력 critical sensitivity 비평 감각 attribution 속성

Reading Material 16 Language Acquisition (언어습득)

One of the topics most central to psycholinguistic research is the acquisition of language by children. The term acquisition is preferred to "learning" because many psycholinguists believe that no psychological theory of learning, as currently formulated, is capable of accounting for the process whereby children, in a relatively short time, come to achieve a fluent control of their native language.

해석 언어습득
언어심리학 연구에서 가장 중심이 되는 논제 중 하나는 아동의 언어습득이다. 습득이란 용어는 '학습'보다 선호된다. 왜냐하면 많은 언어심리학자들이 현재 체계화된 어떤 심리학적 학습이론도 비교적 짧은 시간에 아이들이 자신의 모국어를 유창하게 구사하는 과정을 설명할 수 없다고 믿기 때문이다.

어휘
formulate (명확히) 말하다, 체계적으로 나타내다, 공식화하다 acquisition 획득, 습득(= acquirement)

Reading Material 17 Romanticism (낭만주의)

Like many literary and artistic movements, Romanticism started as a reaction against the perceived strictures of the preceding age. In this case, early romantic writers wished to move away from the philosophical formalism of the neoclassical age. Man's relation to the natural world was reestablished while the basis of philosophy began to shift toward what would later be called Transcendentalism, the belief system that places God back in nature.

해석 낭만주의

많은 문학·예술사조처럼 낭만주의는 그 이전 시대에서 인식된 구속에 대한 반발로 시작되었다. 이 경우에 초기 낭만주의 작가들은 신고전주의 시대의 철학적 권위주의에서 벗어나고자 했다. 철학의 기초가 후에 초월주의라 불린, 신을 자연으로 되돌려 놓는 믿음 체계로 이동하면서 자연세계와 인간의 관계가 재정립되었다.

어휘

perceive 인식하다 preceding 이전의

Reading Material 18 Memory (기억)

There appear to be three levels of memory: immediate, short-term, and long-term. Immediate memory lasts no more than a couple of seconds, the time it takes for a sensory impression to register. Short-term memory is a matter of seconds or minutes: One looks up a phone number in the directory and makes a call; by the time the call is completed, the number has normally been forgotten. Long-term memory can last a lifetime, but some experts believe that information may be lost through disuse or may become flawed through reinterpretation.

해석 기억

기억에는 순간 기억, 단기 기억, 장기 기억 이렇게 세 단계가 있는 것으로 보인다. 순간 기억은 몇 초가 지나면 소멸되는데 그 동안 감각적 인상이 새겨진다. 단기 기억은 초나 분의 문제이다. 사람은 전화번호부 책에서 전화번호를 찾아 전화를 건다. 통화가 끝날 때쯤 보통 그 번호는 잊혀진다. 장기 기억은 평생 지속될 수 있지만, 몇몇 전문가들은 정보란 사용하지 않아 유실되거나 새로운 해석으로 결함이 생길 수도 있다고 믿는다.

어휘

sensory 감각의 disuse 쓰이지 않음 flaw 결함

Reading Material 19 Galaxies (은하)

Galaxies may have any of four general shapes. Elliptical galaxies show little or no structure and vary from moderately flat to spherical in general shape. Spiral galaxies have a small, bright central region, or nucleus, and arms that come out of the nucleus and wind around, trailing off like a giant pinwheel. In barred spiral galaxies, the arms extend sideways in a short straight line before turning off into the spiral shape. Both kinds of spiral systems are flat. Irregular galaxies are usually rather small and have no particular shape or form.

해석 은하

은하는 일반적으로 네 가지 형태 중 하나의 모습을 하고 있다. 타원은하는 구조가 거의 없거나 아예 없어서 일반적으로 다소 편평한 형태에서부터 구형까지 다양한 모습을 보인다. 나선은하는 작고 밝은 중심부 혹은 핵이 있으며 핵으로부터 뻗어 나와 휘감겨서 마치 거대한 바람개비처럼 그 끝이 점차 사라지는 가지가 있다. 줄무늬가 있는 나선은하에서는 그 가지들이 나선형으로 변하기 전에 짧은 직선을 그리며 옆으로 뻗어나 간다. 두 종류의 나선은하는 평평하다. 불규칙적인 은하는 보통 다소 작고, 특정한 모양이나 형태를 띠고 있지 않다.

어휘

elliptical 타원의   spherical 구형의   spiral 나선

Reading Material 20 Human Qualities (인간의 특징)

The first element which differentiates human from animal existence is a negative one: the relative absence in man of instinctive regulation in the process of adaptation to the surrounding world. The mode of adaptation of the animal to its world remains the same throughout. If its instinctive equipment is no longer fit to cope successfully with a changing environment, the species will become extinct. The animal can adapt itself to changing conditions by changing itself. In this fashion it lives harmoniously, not in the sense of absence of struggle but in the sense that its inherited equipment makes it a fixed and unchanging part of its world; it either fits in or dies out.

[해석] 인간의 특징

인간을 동물적 존재와 구별하는 첫 번째 요소는 부정적인 것으로, 환경에 적응하는 과정에 있어 인간에게는 본능적 조절능력이 상대적으로 결여되어 있다는 것이다. 세계에 대한 동물의 적응방법은 어디든 같다. 만일 동물의 본능적 장치가 변화하는 환경에 성공적으로 대처하는데 더 이상 적합하지 않으면 그 종은 멸종될 것이다. 동물은 스스로를 변화시킴으로써 변화하는 상황에 적응할 수 있다. 이런 식으로 동물은 조화를 이루며 살아간다. 이것은 투쟁이 없다는 것이 아니라 유전된(본능적) 장치로써 세계의 고정된 불변의 일부가 된다는 뜻이다. 다시 말해, 적응하거나 멸종하거나인 것이다.

[어휘]

regulation 조절 instinct 본능 mode of adaptation 적응방식

Reading Material 21 Symbiosis (공생)

Close living arrangements between two different species is called symbiosis. The word comes from the Greek word meaning "state of living together." Usually the two organisms are in close physical contact, with one living on or in the other. In some cases, however, the relationship is less intimate. Symbiosis is classified into: mutualism (once called symbiosis), commensalism, and parasitism. These relationships range from mutually beneficial to harmful, or even fatal, for one of the species.

[해석] 공생

두 가지 다른 종이 합의 하에 밀착된 생활을 하는 것을 공생이라 부른다. 이 단어는 "함께 생활하는 상태"를 의미하는 그리스어에서 왔다. 보통 한편이 상대편에 붙어 있거나 그 안에 사는 형태로 두 유기체의 신체가 밀착되어 있다. 그러나 어떤 경우에는 덜 친밀한 관계도 있다. 공생은 상리공생(한때 공생이라고 불림), 편리공생, 기생으로 분류된다. 상호 유익한 관계에서부터 유해한 관계까지 그 범위가 다양하고, 이중에는 심지어 치명적인 관계도 있다.

[어휘]

symbiosis 공생 parasitism 기생

Reading Material 22 Rain (비)

The oceans are the chief source of rain, but lakes and rivers also contribute to it. The sun's heat evaporates the water. It remains in the atmosphere as an invisible vapor until it condenses, first into clouds and then into raindrops. Condensation happens when the air is cooled. Air cools either through expansion or by coming into contact with a cool object such as a cold landmass or an ice-covered expanse. When air passes over a cold object, it loses heat and its moisture condenses as fog, dew, or frost. Air also cools as it rises and expands. The water vapor in the cooling air condenses to form clouds and, sometimes, rain.

[해석] 비

바다는 비의 주요 원천이지만 호수와 강 또한 비의 원천이다. 태양열은 물을 증발시킨다. 물은 대기 중에 보이지 않는 증기로 남아 있다가, 처음에는 구름으로 그 다음에는 빗방울로 응결된다. 응결은 공기가 냉각되었을 때 일어난다. 공기는 팽창을 통해서 혹은 찬 대륙이나 얼음이 덮인 지역과 같이 차가운 물체에 닿음으로써 냉각된다. 공기가 찬 물체를 통과하면 열을 상실하고 수분은 안개나 이슬, 혹은 서리로 응결된다. 공기는 또한 상승하고 팽창하면 냉각된다. 냉각된 공기에 있는 수증기는 응결되어 구름을 형성하고 때로는 비를 만들기도 한다.

[어휘]

evaporate 증발시키다 vapor 증기 condense 응결시키다

Reading Material 23 Electron Microscope (전자현미경)

The electron microscope is so named because it directs a beam of electrons rather than light through a specimen. The beam of electrons is created in a hot tungsten filament in an electron gun. This beam then travels through the length of the microscope cylinder, which houses the lenses, the specimen chamber, and the image-recording system. Two types of electron lenses are used, electrostatic and electromagnetic. They create electric and electromagnetic fields to both concentrate and move the beam

[해석] 전자현미경

전자현미경은 빛이 아닌 전자광선을 표본에 통과시키기 때문에 그렇게 이름 지어졌다. 전자광선은 전자총

의 고열 텅스텐 필라멘트에서 생성된다. 그리고나서 이 광선은 현미경의 원통을 통해 이동하는데, 원통에는 렌즈, 표본실, 화상기록장치가 내장되어 있다. 전자 렌즈에는 두 가지 종류가 있는데, 전기와 전자기 렌즈가 사용된다. 렌즈는 전기장과 전자기장을 생성해 광선을 모으는 동시에 이동시킨다.

어휘
specimen 표본 cylinder 원통 house 내장되다

Reading Material 24　Offset (옵셋인쇄)

In the past few decades, offset printing (also called offset lithography) has replaced letterpress and intaglio methods almost entirely for commercial work. The name offset refers to the fact that the printing plates do not come into direct contact with the paper. Instead, the inked printing plates (which are attached to a cylinder) transfer, or offset, the image to a rubber blanket covering another cylinder. As the inked blanket cylinder rotates, it deposits the image onto the paper, which is fed from another set of rollers.

해석 옵셋인쇄
지난 수십 년 동안 옵셋인쇄(옵셋석판인쇄라고도 함)는 오로지 상업적인 목적으로 활판인쇄술과 음각술을 대신해 왔다. 옵셋이라는 명칭은 인쇄판이 지면과 직접 맞닿지 않는다는 것을 의미한다. 대신에 잉크를 묻힌 인쇄판(실린더에 부착되어 있는)은 또 다른 실린더를 덮고 있는 고무 블랭킷에 이미지를 옮기거나 옵셋인쇄한다. 잉크가 묻은 고무통이 회전하면서 다른 롤러 장치가 공급하는 종이 위에 이미지를 찍어놓는다.

어휘
offset 옵셋(인쇄) lithography 석판(인쇄) intaglio methods 음각술

Reading Material 25 Massage (마사지)

Massage is a proven cure to stress. No one knows precisely how the massaging of flesh quiets the stress response, but the effects can be dramatic. Over the past 23 years psychologist Tiffany Field of the University of Miami's Touch Research Institute has published studies suggesting it can hasten weight gain in early birth babies, improve lung function in asthmatics and increase the immune function in men with HIV. Healthy people may benefit too. In a 1996 study, medical workers who got 10 bi-weekly massages outscored their colleagues who didn't receive massages on timed math tests

[해석] 마사지

마사지는 입증된 스트레스 치유법이다. 몸 마사지가 어떻게 스트레스 반응을 진정시키는지는 정확히 아는 사람은 없다. 지난 23년간 마이애미 대학교의 Touch Research Institute 심리학자 Tiffany Field는 마사지가 조산아의 몸무게를 빠르게 늘려주고, 천식환자의 폐 기능을 개선시켜주며, HIV 바이러스에 감염된 사람의 면역기능을 강화시켜준다는 연구 결과를 발표했다. 건강한 사람들에게도 마사지는 이로울 수 있다. 1996년 연구에서 격주로 10회 마사지를 받은 의료진들은 시간이 정해진 수학시험에서 마사지를 받지 않은 동료들보다 더 높은 점수를 받았다.

[어휘]

proven 입증된 response 반응

나무보다는 숲을 보려는 노력이 필요하다. 하나하나의 문장을 정확하게 이해하는 노력도 중요하지만 전체적인 내용 파악을 염두에 두어야 딴 길로 벗어나지 않는다. 한 두 문장 해석을 못했어도 글쓴이의 의도를 파악할 수 있으면 문제 푸는데 지장은 없을 것이다.

중·장문 독해 무조건 따라잡기

중·장문 독해 요령

단문 독해에 비해 중·장문 독해는 독해의 분량이나 어휘수에서 먼저 위압감을 받을 수 있기 때문에 가장 먼저 어떤 글인지, 주제가 무엇인지를 파악하는 것이 급선무이다.

여러 문장으로 나뉘어져 있는 문장은 대부분 글의 문두에 주제나 핵심어를 제시하는 경향이 강하므로 영문의 서술 방식에 익숙해질 필요가 있다. 또한 글쓴이가 서술하고자 하는 의도나 방향을 재빨리 파악하는 것이 독해력을 극복하는 열쇠가 된다.

독해 문제를 푸는 원리는 매우 간단하다. 먼저 제시된 문항의 문제들을 훑어보고 난 다음에 문장 독해를 하는 것이 중요한 포인트이다. 그렇지 않으면 지문을 두 번 이상 읽어야 하는 경우가 발생되므로 시간 부족 현상에 직면할 가능성이 높다.

Reading Material 1   Blood (혈액)

Blood is the life fluid of the human body and the liquid that transports nutrients and removes waste. It comprises about 1/13 of the total weight of the human body. Oxygen is one of the most important substances to enter the blood. As blood travels through the lungs it picks up oxygen, which it then transports to all parts of the body. As the oxygen-laden blood proceeds on its journey, oxygen passes out through the cell walls of the circulatory system. It is picked up by tissue cells, which are the working parts of the body and must have oxygen for fuel. Blood also carries nutrients to the muscle cells. As the muscles work they generate waste products that must be disposed of. These wastes make their way through the walls of the circulatory system and into the blood. The wastes are then transported to the kidneys and removed from the body. Lastly, the work of the muscles and other tissues creates heat. Once again the blood provides the means of transportation as that heat is carried throughout the system and warms the body.

해석 혈액

혈액은 인간 몸의 중요한 유동체이자 영양소들을 운반하고 노폐물을 제거하는 액체다. 인간의 전체 몸무게의 대략 13분의 1을 구성한다. 산소는 혈액으로 들어가는 가장 중요한 물질 중의 하나이다. 혈액이 폐를 지나면서 산소를 가져다가 몸 전역으로 운반한다. 산소를 함유한 혈액은 그 과정을 지속하며 산소는 순환계의 세포벽을 통해 건네진다. 산소는 세포조직에 의해 흡수되고, 이 조직들이 몸의 기능적인 부분이자 연료로 산소를 필요로 한다. 또한 혈액은 영양을 근육 세포로 운반한다. 근육이 일을 수행하면 처리해야 할 노폐물이 생긴다. 이러한 노폐물들은 순환계의 벽을 통해서 그리고 혈액 속에서 이동한다. 그런 다음 이 노폐물들은 신장으로 운반되고 체내에서 제거된다. 마지막으로 근육과 다른 조직들의 활동은 열을 만들어낸다. 다시 말해 혈액은 열을 순환계 전반에 전달하고 몸을 따뜻하게 하는 운송 수단을 제공하는 것이다.

어휘

transport 운반하다, 운송하다 nutrient 영양소 comprise ~으로 구성되다, 차지하다 oxygen-laden 산소를 담은 cell wall 세포벽 circulatory system 순환계 tissue 조직 be disposed of 처리되다 provide 제공하다

Reading Material 2 Depression (우울증)

Normal depression is a mood state everyone experiences that involves short-lived states of sadness, pessimism, a sense of inadequacy, and other negative feelings. It usually occurs in response to stressful or unpleasant experiences and generally does not last for more than seven to ten days.

A stricter definition of depression is a clinically diagnosed depressive disorder. Clinical depressive disorders are the most common type of mental disorders. In 1990, more than 100 million people per year were diagnosed with depression worldwide.

Clinical depression involves the same negative feelings as normal depression but in a more intense and long-lasting form. In addition, a number of physical symptoms usually accompany it, which can include problems in sleeping, a loss of or great increase in appetite, and frequent fatigue or lack of energy. Individuals with severe depression may experience psy chotic symptoms, such as hallucinations or delusions in which they lose touch with reality, and some depressed individuals may try to injure themselves or attempt suicide.

In order to be diagnosed with depression, an individual must have a certain number of symptoms for most of the day for at least two weeks. In the United States, the official classification system for medical and legal uses is the most recent edition of the American Psychiatric Association's Diagnostic and Statistical Manual.

해석 우울증

정상적인 우울증은 슬픔, 비관론, 부족감, 그리고 그 외의 부정적 감정의 일시적인 상태를 포함하는 모두가 경험하게 되는 심리적 상태이다. 이것은 보통 스트레스가 많거나 불쾌한 경험들에 반응하여 일어나고 일반적으로 7일에서 10일을 초과하지 않는다.

우울증의 더 엄밀한 정의는 임상적 질병이다. 병상 우울증은 일반적으로 가장 흔한 정신병이다. 1990년에는 전 세계적으로 매년 1억 명 이상의 사람들이 우울증으로 진단되었다.

병상 우울증은 정상 우울증과 같이 부정적 감정을 수반하지만 더 강하고 오랜 기간 지속된다. 게다가 보통 수면장애, 식욕의 급격한 증가나 감소, 그리고 잦은 피로나 에너지 부족과 같은 문제들을 포함할 수 있는 많은 신체적 증세들이 있다. 심한 우울증에 걸린 사람들은 현실과 접촉이 끊기는 환각이나 망상 같은 정신병 이상증세를 경험할지도 모른다. 그리고 일부 우울증을 겪는 사람들은 자해를 하거나 자살을 시도하려고 할지도 모른다.

우울증을 진단하기 위한 방법으로, 각 개인은 적어도 2주 동안 일정한 횟수의 증세들을 가지고 있어야 한다. 미국에서는 의학적, 법적 사용을 위한 공식 분류 체계가 미국 정신 의학 협회의 진단상, 통계학상의 가장 최신판 진단서이다.

어휘

depression 우울, 침울; 침체 pessimism 비관론, 비관주의 inadequacy 부족, 결핍 definition 정의 diagnose 진단하다 clinical depression 병상우울증 psychotic 미친, 제정신이 아닌 hallucination 환각, 환상 delusion 망상

Reading Material 3 Exploring Space (우주 탐사)

Although humans had thought about exploring space for centuries, it wasn't until the late 1950s that advances in rocket engineering allowed scientists to begin launching vessels into orbit. During that time, rival space engineers in the Soviet Union and the United States embarked on a mission to send artificial satellites and later humans-into space.

The Soviets took an early lead in space exploration in 1957 when they launched Sputnik (Fellow Traveler), the first artificial satellite to orbit the Earth. The event embarrassed American scientists, who put their first satellite into orbit in 1958. That same year, the United States government formed the National Aeronautics and Space Administration (NASA) to spearhead the country's space program.

The Soviet Union continued to move ahead of the United States in space exploration when it sent its first astronaut into space in 1961. On April 12, Soviet cosmonaut Yuri Gagarin orbited the Earth once in the spaceship Vostok 1, with a time of one hour and 29 minutes. Gagarin's orbit sparked further development of the United States Mercury program, which also strived to put an astronaut into space. That goal became a reality on May 5, 1961, when American astronaut Alan Shepard made a 15-minute suborbital flight. On Feb. 20, 1962, John Glenn became the first American to orbit the Earth, circling the planet three times in Friendship 7. These landmark achievements laid the foundation for continued advances in space exploration in the coming decades.

[해석] 우주 탐사

비록 인간이 몇 세기 동안 우주를 탐사(探査)하는 것에 대해 생각해 왔지만, 1950년대 말이 되서야 로켓 공학의 발전으로 과학자들이 궤도에 우주선을 발사할 수 있었다. 그 기간 동안 소련(소비에트 연방)과 미국진영의 경쟁상대인 우주 공학자들은 인공위성을 보내고 이후에 인간도 우주로 보낼 임무에 착수했다.

소비에트 정부는 지구의 궤도를 도는 첫 인공위성인 **Sputnik** 호를 발사한 1957년에 우주 탐사에 대해 초기 선점을 하게 된다. 그 사건은 1958년에 궤도에 첫 인공위성을 쏘아올린 미국 과학자들을 당혹스럽게 만들었다. 같은 해에, 미국 정부는 국가의 우주계획을 선도할 미(美) 항공 우주국(**NASA**)을 조직했다.

소비에트 연방정부는 1961년에 우주로 첫 우주비행사를 보냄으로써 우주 탐사에서 계속해서 미국을 앞서 나갔다. 4월 12일, 소련의 우주비행사 **Yuri Gagarin**은 보스토크 1호를 타고 1시간 29분이라는 시간에 걸쳐 지구 궤도를 한바퀴 돌았다. **Gagarin**의 선회는 미국의 머큐리 프로그램의 발전에 더욱더 박차를 가하게 했으며, 이 계획 또한 우주비행사를 우주에 보내려는 일환이었다. 그 목표는 미국 우주비행사 Alan

Shepard가 15분간의 비(非) 실궤도 비행을 마친 1961년 5월 5일에 실현되었다. 1962년 2월 20일, John Glenn은 Friendship 7호를 타고 지구 궤도를 3번 순회한 첫 미국인 우주비행사가 되었다. 이 획기적인 업적들은 향후 수십 년 동안 계속되던 우주 탐험 진척에 토대가 되었다.

어휘

vessel 배, 우주선 embarrass 당혹하게 하다 spearhead 선두로 서다, 앞장서다 astronaut 우주비행사(미국) cosmonaut 우주비행사(옛 소련) spark 발단이 되다 suborbital 궤도에 오르지 않은, 완전히 일주하지 않는 landmark 획기적인 사건 groundwork 기초, 바탕, 토대

Reading Material 4 Acid Rain (산성비)

When coal and petroleum are burned, they emit certain harmful gases into the air. These gases mix with the oxygen and water in the air. When the water in the air comes down in the form of rain, sleet, hail, or snow, it carries with it these gases. This is known as acid rain, which has had a harmful effect on all life forms.

When acid rain pollutes lakes and streams, it can kill the organisms that live in them. Acid rain is especially harmful to fish and other aquatic life forms. Aluminum is a substance that is naturally found in the soil. Acid rain can bring aluminum out of the soil by a process known as leaching. The aluminum leached from the soil dissolves in water and runs off to the water bodies. Aquatic life can be poisoned by aluminum that is dissolved in water.

Acid rain also harms various kinds of vegetation, including agricultural crops and trees. In addition, acid rain corrodes, or wears away, outside surfaces of buildings and other structures. Some of the world's great monuments, including the cathedrals of Europe and the Colosseum in Rome, have shown signs of deterioration as a result of acid rain.

해석 산성비

석유와 석탄이 연소될 때 이 물질들은 어떤 해로운 가스들을 대기(大氣)속으로 배출한다. 이런 가스들은 산소를 대기 속에 있는 수분과 함께 뒤섞는다. 대기 중에 있는 수분이 비, 진눈깨비, 우박 또는 눈 등으로 내리게 되면, 이런 가스들을 함께 운반하는 것이다. 이것을 산성비라 일컬으며, 이 비는 모든 생물체에 유해한 영향을 끼치고 있다.

산성비가 호수와 냇물을 오염시킬 때 그 속에 사는 생명체들을 죽일 수 있다. 산성비는 특히 물고기와 다른 수중 생물체에 해를 끼친다. 알루미늄은 토양에서 자연적으로 발견되는 물질이다. 산성비는 알루미늄을 여

과(濾過)라는 과정을 통해 토양 밖으로 추출해 낸다. 토양으로부터 여과된 알루미늄은 물에서 용해되어 수중 생명체로 흘러들어 가게 된다. 수중 생물은 물 속에 용해된 알루미늄에 의해 독성화될 수 있다.

산성비는 또한 농작물이나 나무와 같은 다양한 종류의 식물에게도 해를 끼친다. 더욱이 산성비는 빌딩과 다른 건물이나 구조의 외벽을 부식시키거나 마모시킨다. 유럽의 대성당이나 로마의 콜로세움과 같은 몇몇 세계적인 기념물들은 산성비로 인해 노화(老化)의 징후를 드러내고 있다.

어휘

petroleum 석유 emit 방출하다, 내뿜다 have a harmful effect on ~에 나쁜 영향을 끼치다 leaching 침출 dissolve 용해하다(되다) vegetation 식물 cathedral 주교구 성당, 대성당(bishop의 교좌가 있고, 교구의 중심 교회임) deterioration 악화, 쇠퇴

Reading Material 5 Reproduction (생식)

In plants, as in animals, the end result of reproduction is to continue the existence of a given species, and the ability to reproduce is, therefore, rather conservative, or are subject to only moderate changes, during evolution. Changes have occurred, however, and the pattern can be seen by surveying some plant groups.

Reproduction in plants is, for the most part, either asexual or sexual. Asexual reproduction in plants involves a variety of widely different methods for creating new plants identical in every respect to the parent. Sexual reproduction, by contrast depends on a complex series of basic cellular events, involving chromosomes and their genes, that occur within an elaborate sexual apparatus evolved solely for the creation of new plants in some respects different from the two parents that were responsible for their production.

In order to describe the modification of reproductive systems, plant groups must be identified. One convenient way to classify such organisms sets plants apart from lower forms such as bacteria, algae, fungi, and protozoans. In this manner, the plants, as separated, comprise two great divisions (or phyla)—the Bryophyta (mosses and liverworts) and the Tracheophyta (vascular plants). The vascular plants include four subdivisions: the three entirely seedless groups are the Psilopsida, Lycopsida, and Sphenopsida; the fourth group, the Pteropsida, consists of the ferns (seedless) and the seed plants (gymnosperms and angiosperms).

해석 생식

동물에서처럼 식물에서도 생식의 궁극적인 목적은 종(種)의 보존이며, 생식 능력은 고로, 보수적이라기 보다는 진화를 하는 동안 단지 적절한 변화에 지배를 받는 것이다. 그러나 변화는 있어왔고, 그 양상은 몇 가지 식물군을 관찰함으로써 알 수 있다.

식물에서의 생식은 크게 무성과 유성으로 나뉜다. 식물의 무성생식은 모든 면에서 어버이와 똑같은 식물을 만드는 갖가지 다양한 방법을 수반한다. 반면에 유성 생식은 염색체와 유전자를 포함하는 복잡한 일련의 세포학적 과정에 달려있으며, 이것은 생식을 담당하는 두 어버이와 몇 가지 면에서 다른 새로운 식물을 만들어 내기 위해 특별히 분화된 생식기관 내에서 일어난다.

생식구조의 일시적 변이를 설명하기 위해선 식물군의 확인이 필요하다. 이러한 생물체를 분류하는 편리한 한 가지 방법은 식물을 박테리아, 조류(藻類), 균류(菌類), 원생동물(原生動物) 같은 맞는 표현 형태와 분리시키는 것이다. 이런 방법으로 식물은 분류에 따라 크게 두개의 문(門)인 선태류(蘚苔類) 식물(이끼와 우산이끼)과 관다발 식물로 구성된다. 관다발 식물은 4개의 하위부류와 구성되어 크게 세 개의 무핵(無核)집단인 **Psilopsida, Lycopsida**, 그리고 **Sphenopsida**이 있고, 네 번째 집단인 **Pteropsida**는 양치류(무핵식물)와 종자식물(겉씨식물과 속씨식물)로 구성된다.

어휘

reproduction 생식, 번식 conservative 보수적인 in every respect to ~의 모든 면에서 evolution 진화 sexual reproduction 유성 생식 asexual reproduction 무성 생식 elaborate 정교한 apparatus (몸의) 기관 algae 조류(藻類), 해조(海藻) fungi 버섯, 균류(菌類)(fungus의 복수) liverwort 우산이끼 vascular plants 관다발식물 modification 수정, 변경 subdivision 잘게 나눔, 세분 gymnosperms 겉씨식물, 나자(裸子)식물 angiosperms 속씨식물

Reading Material 6 Theories of Evolution (진화론)

People have always wondered about the origins of life and how so many different kinds of plants and animals came into being. Stories of a supernatural creation of life developed among many peoples throughout the world to explain how life evolved. The Bible, for example, talks about how God created humans and other higher animals over several days. Many people also believed that insects, worms, and other lower creatures created spontaneously from mud and decay. Long after these stories became rooted firmly in tradition, scientists began to question them.

Theories of special creation usually hold that life maintains its original God-created form; it is immutable, or unchangeable. By contrast, theories of organic evolution propose that all organisms, including humans, can be in fact mutable; that is, they respond dynamically to changes in the environment throughout the course of time.

Although the overwhelming majority of the scientific community accepts the theory of organic evolution, it has sparked controversy since the middle of the 19th century. Most objections arise from religious groups that support special creation, or the theory they term creationism, or creation science. Individuals and organizations that support this concept hold firm to the belief that all beings were created by God. Fundamentalist Christians and others argue that the idea of species continually changing over time conflicts with literal interpretations of the Bible. They have fought, sometimes successfully, to prevent biology textbooks that teach evolution from being used in the classrooms; or they have insisted that creation science be taught as an alternative theory.

해석 진화론

사람들은 항상 생명의 기원과 어떻게 그렇게 많은 종류의 동물과 식물이 존재하게 되었는지에 대해 궁금해 한다. 전 세계 수많은 민족은 생명체가 생겨난 방식을 설명하고자 초자연적인 생명창조 이야기를 만들어냈다. 예를 들어, 성경은 하느님이 단 며칠에 걸쳐 인간과 다른 고등동물을 창조한 이야기를 싣고 있으며, 곤충과 벌레, 그리고 다른 하등동물이 진흙과 부패물 속에서 자연적으로 탄생한다고 믿는 이들도 많았다. 이런 이야기들이 구전으로 자리를 잡은 지 꽤 오랜 시간 후, 과학자들이 의문을 제기하기 시작했다.

특수 창조론은 대개 생명체는 신이 창조한 원형을 유지하며 변하지 않는 불변의 것이라고 이야기한다. 이에 비해 유기적 진화론은 인간을 비롯한 모든 유기체는 변화할 수 있다고, 다시 말해 시간의 흐름 전 과정에 걸쳐 환경의 변화에 적응하기 위해 기능상으로 반응을 보인다고 말한다.

과학계는 압도적으로 유기적 진화론을 받아들이고 있지만, 진화론은 19세기 중반 이후 논쟁의 도화선이 되었다. 반대의 목소리는 대부분 자신이 창조론 또는 창조 과학이라 칭하는 특수한 창조 이론을 지지하는 종교 단체에서 나온다. 이 개념을 지지하는 개인과 단체는 만물은 신이 창조한 것이라는 믿음을 굳게 지키고 있다. 기독교 원리주의자들과 다른 이들은 시간이 흐름에 따라 종이 계속 변화한다는 견해는 성경의 자구적 해석과 모순된다고 주장한다. 이들은 진화를 가르치는 생물학 교과서의 이용을 막기 위해 싸워 때로는 성과를 거두기도 했고 대안 이론으로 창조 과학을 교육해야 한다고 주장을 펼치기도 했다.

어휘

spontaneously 자발적으로, 자연적으로 immutable 변경할 수 없는, 불변의 overwhelming 압도적인, 저항할 수 없는 controversy 논쟁, 논의 interpretation 해석, 해석

Reading Material 7 Renaissance (르네상스)

Renaissance comes from the French "rebirth." It is used to describe the period of European history that dates back roughly from the mid-1300s through the 1500s. During that time, important changes took place in how people thought, in what they wrote, in their painting, sculpture, and architecture, and, indeed, in every aspect of life. It seemed as though the world was being reborn: hence the name Renaissance.

The Renaissance followed the period now known as the Middle Ages. During the Middle Ages there were two institutions that controlled much of Europe. The Holy Roman Empire wielded influence over the political life of the people, and through the papacy, the popes of the Roman Catholic church controlled the religious life. Both of these institutions began to lose power toward the end of the Middle Ages. There was also a growing use of money in Europe and with it came trade and the growth of the wealth of bankers and merchants. People thus found themselves in a changing world that seemed full of possibilities.

By the mid-15th century, the invention of the printing press allowed texts to be reproduced cheaply and easily. As a result, people in other European countries were highly influenced by the ideas that came out of Italy. One very influential thinker was the great Dutch scholar Desiderius Erasmus. Although a religious man, he used the humanist concept of reason to challenge what he felt were ignorant and superstitious aspects of the church.

[해석] 르네상스

르네상스는 "재탄생"을 의미하는 프랑스어로 대략 13세기 중반에서 15세기에 이르는 시기의 유럽 역사를 가리키는 용어로 쓰인다. 이 시기 동안 사람들의 사고방식, 글쓰기, 회화, 조각, 건축의 대상 그리고 실질적으로 생활 전반에 걸쳐 중요한 변화가 일어났다. 마치 세상이 다시 태어나고 있는 듯하여 르네상스라는 이름이 붙은 것이다.

르네상스는 오늘날 중세로 알려져 있는 시대의 뒤를 잇는다. 중세에 유럽 대부분을 통제한 기관은 2개였다. 신성 로마 제국은 사람들의 정치적인 삶을 좌우했고 로마 카톨릭 교회는 교황권을 통해 종교 생활을 좌우했다. 중세 말기에 이르러 두 기관은 힘을 잃기 시작했다. 유럽에서 화폐 사용량이 늘면서 무역이 이루어지고 상인과 은행가의 재산이 늘어났다. 사람들은 가능성으로 충만한 듯한 변화의 세상에 서 있음을 알게 되었다.

15세기 중반에 이르러 인쇄기가 발명되자 손쉽고 저렴하게 책을 복사하게 되었다. 그 결과 다른 유럽 국가의 사람들은 이탈리아의 사상에 큰 영향을 받게 되었다. 당시 영향력을 가진 사상가이자 네덜란드 학자인 Desiderius Erasmus가 있었다. 그는 종교인이지만 인문주의적인 이성의 개념을 활용하여 자신이 교회에서 느낀 무지하고 미신적인 측면에 이론(異論)을 제기했다.

[어휘]

indeed 실로, 참으로 institutions 제도, 기관 wield (권력·무력 따위를) 휘두르다, 행사하다 pope 교황 papacy 로마 교황의 지위[임기], 교황권 superstitious 미신적인, 미신에 사로잡힌

Reading Material 8 Fossil Fuels (화석 연료)

Fossil fuels include coal, natural gas, petroleum, shale oil, and bitumen. They all contain carbon and were formed by the geologic processes from the remains of organic matter produced by photosynthesis hundreds of millions of years ago.

All fossil fuels can be burned with air or with oxygen derived from the air to provide heat. This heat may be put to use directly, as in the case of a home furnace, or utilized to produce steam with which to drive a turbogenerator so that it can provide electricity. In still other cases, as, for example, gas turbines used in jet aircraft, the heat yielded by burning a fossil fuel can serve to increase both the pressure and the temperature of the combustion products to supply motive power.

Since the late 18th century, the consumption of fossil fuels has increased at a high rate. Today, they supply nearly 90 percent of all the energy consumed by the industrialized nations of the world. New deposits are still being discovered, but the reserves of these principal fossil fuels remain ing in the Earth are limited. The amounts that can be recovered economically are difficult to estimate and are in large part dependent on their assumed rate of consumption and future value, as well as improvements in technology.

For example, a coal bed must be no less than 24 inches thick and be buried no more than about 6,560 feet to be mined economically with available equipment and techniques. Advances in technology, however, may make it feasible to mine thinner beds at greater depths at reasonable cost, thereby increasing the amount of recoverable coal. Estimating remaining oil resources is equally difficult. However, as recoverable deposits of conventional (light-to-medium) oil become exhausted, it is expected that heavy oil and syncrudes from tar sands and oil shales will be exploited as viable sources of liquid petroleum on a wide scale.

해석 화석연료

화석 연료로는 석탄, 천연가스, 석유, 혈암유 그리고 역청(瀝靑) 등이 있다. 모두 탄소를 함유하고 있으며, 수억 년 전 광합성을 통해 생성된 유기물의 잔해에 지질학적 작용이 일어나 생성된 것들이다.

화석 연료는 공기, 정확히는 공기 중의 산소와 결합하여 연소하며 열을 발생한다. 집의 난로처럼 이 열을 직접 사용할 수도 있으며, 전기를 발생시키는 발전기의 동력인 증기를 생성하는 데 쓸 수도 있다. 또 다른 경우의 예를 들어, 제트기의 가스 터빈처럼 화석 연료를 연소시켜 발생하는 열로 연소 장치의 압력과 온도를 높여 동력을 공급할 수도 있다.

18세기 말 이후, 화석 연료 소비량은 꾸준히 증가해 왔다. 오늘날 화석 연료는 전 세계 산업 국가의 에너지 소비 수요 중 90% 가량을 맡고 있다. 계속 새로운 자원이 발견되고 있기는 하나 지구상에서 이 중요한 화석 연료의 매장량은 한정되어 있다. 경제적 가치를 지닌 채굴량은 추산하기 어려우며, 기술의 발전 뿐 아니라 추정 소비율과 미래 가치가 주요 추정 기준이다.

예를 들어, 석탄층은 24인치 두께로 깊이가 대략 6,560피트 이내에 존재해야 장비와 기술을 이용하여 채산성 있게 채굴할 수 있다. 하지만 기술이 발전하면 적정한 비용으로도 더 깊은 지하에 더 얇게 존재하는 석탄층을 채굴하게 되어 채굴할 수 있는 석탄량이 증가할 수도 있다. 잔존 석유 매장량을 추정하는 것도 어려운 일이다. 경유에서 석유에 이르기까지 채굴 가능한 재래식 석유량이 고갈되고 있기 때문에, 역청 사암 또는 유혈암으로 만든 중유와 합성 원유가 액체 석유의 실질적 공급원으로 대규모로 개발되리라 예상된다.

어휘

petroleum 석유 shale oil 혈암유(頁岩油) bitumen 역청(瀝靑), 아스팔트 photosynthesis 광합성(光合成) derived from ~로부터 얻은, 획득한 turbogenerator 터빈 발전기 combustion 연소; (유기체의) 산화(酸化) reserve (석유·석탄 등의) 매장량, 광량(鑛量) feasible 실행할 수 있는, 가능한 syncrude (석탄에서 얻어지는) 합성 원유

Reading Material 9 Automobile (자동차)

Shortly after automobiles were mass-produced early in the 20th century, they began to change styles of living. The automobile is still responsible for causing changes. Easy access to places by passenger car or by truck helps to determine where people build homes, buy food, seek recreation, and locate businesses, e.g., where to settle. The term automotive means "self-propelling." It generally refers to passenger cars, trucks, buses, and tractors. The words automobile, motorcar, and car may include any conveyance in the general category of automotive vehicles, but they typically refer to passenger vehicles that seat from two to six people.

Cars and trucks are unique. Unlike other types of transportation, they allow the driver to get in and go at a moment's notice. They move near the source or destination of farm or manufactured products, unhampered by the need for rails, runways, or waterways. Roads are needed, of course, and these cover the industrial countries of the world in a vast array of networks. Many automotive vehicles have been designed to travel over primitive roads and open terrain.

The automobile is a mixed blessing. Millions of people that drive passenger cars create huge traffic jams around major cities. The exhaust from automobiles pollutes the air. Thousands of people every year are injured or killed due to traffic accidents.

해석 자동차

자동차가 대량 생산된 20세기 초반 직후 자동차는 생활양식을 변화시키기 시작했다. 자동차는 여전히 변화를 유도한다. 승용차나 트럭으로 인한 장소의 쉬운 접근은 사람들이 집을 짓고, 음식을 사고, 여가를 즐기고, 사업체의 위치를 어디로 정할지, 즉 어디에 정착할지를 결정하는데 영향을 미친다. 자동차라는 용어는 "자가 추진"이라는 뜻이다. 대개 승용차, 트럭, 버스, 트랙터 등을 가리킨다. automobile, motorcar, car 라는 용어는 일반적인 자가 추진 차량의 범위 내에서 어떤 운송수단이든 다 포함하는 것이지만 대개 2~6명의 사람을 태울 수 있는 승용차를 일컫는다.

자동차와 트럭은 특이하다. 다른 교통수단과는 달리 탑승한 후 곧바로 출발할 수 있다. 농장이나 공산품의 생산지나 목적지 옆을 다닐 수 있고 레일이나 활주로, 수로 등의 제약을 받지 않는다. 물론 도로가 필요하고 자동차와 트럭은 전 세계 산업 국가를 방대한 층의 망(網)으로 뒤덮었다. 비포장도로나 험한 지형을 오가기 위해 설계된 자동차도 많다.

자동차는 병 주고 약 주는 존재이다. 승용차를 운전하는 수백만의 사람들은 대도시 전역에서 심각한 교통체증을 야기한다. 배기가스는 공기를 오염시킨다. 매년 수천 명이 교통사고로 부상을 입거나 사망한다.

어휘

self-propelling 자가 추진의, 자가 추진력을 가진 conveyance 운반, 수송 unhampered 제약(통제)받지 않는 destination 목적지 terrain 지역

Reading Material 10 Shamanism (샤머니즘)

Shamanism is a rather variable and highly stratified complex of practices and conceptions; characteristic among these are the use of ecstasy, the belief in guardian spirits who often assume animal form, with the sole function of helping and guiding the dead on their voyage to the afterlife, and beliefs concerning metamorphosis or change of form and travelling to the beyond. Pictures from the Upper Paleolithic Period signifies the existence at that time of ecstatic practices and of beliefs in protective and helping spirits, which take on the form of birds and other animals. However, it is doubtful whether shamanism existed in fully developed form at that time. Also, in the course of prehistory, objects appear that may well have belonged to the paraphernalia of shamanism. Noisemaking objects to drive away evil spirits are often found in the material remains of the Iron Age and are probably connected with shamanism.

Recent studies stress the religious nature of shamanism, though in practice it is more related to sorcery and magic. Shamanism is not to be identified with sorcery and magic if they are to be understood as attempts to influence the supernatural through certain human techniques, in contrast with religion, in which man approaches higher beings (gods) in an attitude of supplication. Magic or sorcery thus appears as the true religion and gains importance when religion declines or is overwhelmed. In fact, magic and sorcery may take over cultic forms and rob them of their religious meaning when this happens. For these reasons, it is often difficult to decide whether prehistoric phenomena were of religious or magical character.

Magic can also be practiced to a large extent without the use of material objects, and it is, therefore, as hard to grasp archaeologically as true religion. In the interpretation of the art of the Upper Paleolithic, scholars have given great importance to magic because, for example, missiles (spears and arrows) were drawn on the pictures of animals. This has been interpreted as an effort made to ensure and compel the success of hunters through magical action. But this interpretation is highly speculative, and it remains unclear what these drawings actually mean. It is just as difficult to decide whether or not other pictures, sculptures, abstract symbols, amulets, and similar objects were employed to make magic in this and later periods.

[해석] 샤머니즘

샤머니즘은 꽤 가변적이면서도 매우 계층화된 풍습과 사고의 복합체이다. 샤머니즘의 특성은 무아지경, 종종 동물의 형태로 나타나는데, 죽은 자들이 내세로 가는 여행을 도와주고 안내하는 독자적 역할을 하는 수호자의 영에 대한 믿음, 그리고 초자연적 존재로의 변태(변신)와 초자연적 세계와의 접촉에 대한 믿음 등을 사용하는 것이다. 후기 구석기 시대의 그림들은 당시 무아지경의 풍습과 새나 다른 동물들의 몸을 빌려 보호하고 도와주는 영혼에 대한 믿음이 존재하고 있었음을 보여준다. 그러나 당시 샤머니즘이 완전히 발전된 형태로 존재했는지는 분명치가 않다. 이 밖에 선사 시대에 샤머니즘의 도구였을지도 모르는 물건들이 발견되기도 했다. 철기 시대 유물 중에는 사악한 영혼을 쫓아내기 위해 사용하는 소리를 내는 물건들이 종종 발견되었는데, 이것들은 아마도 샤머니즘과 관련된 것으로 보인다.

비록 실제 샤머니즘은 주술이나 마술과 더 관련이 있지만, 최근의 연구들은 샤머니즘의 종교적인 바탕을 강조하고 있다. 만약 샤머니즘이 청원을 통해 초자연적 존재(신)에게 다가가려는 종교와는 대조적으로, 인간의 특정한 기술을 이용해서 초자연적 힘에 영향을 주려고 하는 것이라면, 샤머니즘은 주술이나 마술과 동일시되어서는 안 된다. 즉 마법이나 주술은 진짜 종교에서 나타나는 것으로, 종교가 쇠퇴하거나 제압당했을 때 그 중요성은 커진다. 그런데 사실, 마술이나 주술이 중요해지면 종교가 광신적인 형태를 띠게 되어서 그 종교적인 의미가 상실될 수도 있다. 이런 이유들로 인해, 선사 시대의 현상들이 종교적인 혹은 마술적인 성격을 가지고 있었는지를 결정하는 일은 종종 어려움을 겪는다.

마술은 굳이 재료가 되는 물건들을 사용하지 않고도 광범위하게 행해지기 때문에, 고고학적인 파악은 진정한 종교만큼이나 어렵다. 후기 석기 시대의 예술에 대한 해석에서, 학자들은 마술의 중요성을 매우 강조했는데, 한 예로 동물들의 그림에 날아가는 무기들(창과 화살)이 그려져 있었기 때문이었다. 이 그림은 마술적 행동을 이용해서 사냥꾼들의 성공적인 사냥을 보장하고 강요하려는 노력으로 해석되어 왔다. 하지만 이 해석은 매우 추론적인 것이며, 이 그림들이 정확히 무엇을 의미하는지는 아직 분명히 밝혀지지 않았다. 이 시기와 이 후의 시기들에서 발견되는 다른 그림들, 조각들, 추상적 상징들, 부적들, 그리고 이들과 유사한 물건들이 과연 마술을 부리기 위해 사용되었는지를 판단하는 일도 역시 쉬운 일이 아니다.

[어휘]

shamanism 샤머니즘(샤먼을 중심으로 하는 원시 종교의 하나) ecstasy 무아경, 황홀, 희열 stratify 계층을 이루다 metamorphosis 변태, 변형 paraphernalia 여러 가지 용구, 장구 supplication 기원 archaeologically 고고학적으로 abstract 추상적인 amulet 호부(護符), 부적

Reading Material 11 Fossils (화석)

The remains of plants and animals that existed a long time ago are called fossils. The term is derived from a Latin word meaning "to dig." For an organism to be preserved, two conditions must be met. First, the organism must be quickly exhumed to delay the process of decomposition and prevent the attack of scavengers. Second, the organism must have hard body parts that can be fossilized.

Most animal fossils are those of creatures that died in a sudden accidental death in such a manner in which their bodies were quickly covered by the earth. For example, an animal that drowned near a river mouth and was swept out to sea and covered with sand and silt may have become fossilized.

A great majority of fossils have been preserved in water simply because the remains on land are more easily destroyed. Also, the conditions at the bottom of the seas or other bodies of water are especially conducive for preservation. This is because, except for bacteria, there are no marine creatures to destroy the remains.

해석 화석

오래 전에 살았던 식물이나 동물의 잔해를 화석이라고 한다. 이 단어는 '파헤치는 것'을 의미하는 라틴어에서 온 것이다. 생물체가 보존되기 위해서는 두 가지 조건이 충족되어야 한다. 먼저, 생물체의 분해를 억제하고 썩은 고기를 먹는 동물을 피하기 위해 최대한 빨리 땅에 묻혀야 하고, 다음으로는 생물체가 화석화할 수 있는 단단한 몸체를 가지고 있어야 한다.

동물 화석은 대부분 흙더미에 급작스럽게 몸이 깔리는 식으로 사고사한 동물의 화석이다. 예를 들면, 강의 입구에서 익사하여 바다로 쓸려 나간 뒤 모래와 진흙으로 덮여진 후 화석이 되었을 것이다.

대다수의 화석은 물 속에 보존되어 있는데, 그 이유는 육지의 화석은 보다 쉽게 소실될 수 있기 때문이다. 또한 바다 밑바닥의 환경이나 다른 바다 동물의 사체가 보존에 유리한 조건을 가지고 있다. 박테리아를 제외하고는 보존을 방해할 해양 생물이 없기 때문이다.

어휘

exhume 찾아내다, 발굴하다 conducive 도움이 되는, 이바지하는, 공헌하는 preservation 보존, 보호

Reading Material 12 Ecology (생태학)

Humans have often interfered with ecosystems. Many animal species have become extinct because of excessive hunting by humans. Vast areas of forestland have been cleared away for timber and for space for construction and agriculture. Due to this, many animals and plants have lost their natural homes. Many of them have or are in danger of dying out. Modern machines and chemicals also harm the environment.

Given the interdependence of all living things, foolish human activity can hurt humans as much as it hurts other living things. One such example is the excessive use of insect-killing chemicals in fields, known as petrocides. These chemicals are absorbed into the very fruits and vegetables that they are supposed to protect. When animals and humans eat such contaminated fruits and vegetables, they may develop cancer and other illnesses.

A central function of ecology is to study how humans interact with the natural environment. The purpose of such study is to prevent human activities from harming natural communities. Ecologists are trying to come up with feasible ways to control the production of destructive wastes and the smoke of factories and vehicles. This is critical for the maintenance of the balance of nature.

해석 생태학

인간은 종종 생태계에 간섭해 왔다. 많은 동물 종이 인간의 과도한 사냥으로 죽어나갔다. 벌목과 건설, 농경지를 목적으로 광활한 산림이 사라졌다. 이 때문에 동식물은 삶의 터전을 잃었다. 많은 종들이 멸종했거나 멸종 위기에 처해 있다. 현대식 기기와 화학 물질 또한 환경을 해치고 있다.

모든 살아있는 생명체들이 상호 의존하는 점을 감안하면 인간의 어리석은 행동은 다른 생명체들을 해치는 만큼 인간 자신도 해칠 수 있다. 한 가지 예를 들자면, 농장에서 농약을 과도하게 사용하는 일이다. 이런 화학물질은 본래 보호하고자 했던 과일과 채소에 흡수된다. 동물이나 인간이 이처럼 오염된 과일과 채소를 먹게 되면 암이나 다른 질병을 앓을 수도 있다.

생태학의 주요한 기능 중 하나는 인간과 자연 환경의 상호작용을 연구하는 것이다. 생태학의 목적은 인간이 자연환경을 훼손하지 않도록 막는 것이다. 생태학자들은 환경을 파괴하는 폐기물과 공장과 자동차의 매연을 제어하는 방법을 찾아내려 노력하고 있다. 이것은 자연의 균형을 유지하는데 꼭 필요한 일이다.

어휘

interfere with ~을 방해하다, 개입하다 contaminate 오염시키다 come up with ~을 제안하다 feasible 실행할 수 있는, 실행 가능한 maintenance 유지

Reading Material 13 Photosynthesis (광합성)

Green plants contain a pigment, or coloring substance, known as chlorophyll. This pigment absorbs energy from sunlight. The light energy trapped by the chlorophyll is transformed into chemical energy. A plant receives water from the soil and carbon dioxide gas from the air. The plant uses the energy from sunlight to convert the water and carbon dioxide into oxygen and carbohydrates such as sugar and starch. The carbohydrates are the plant's food. The oxygen is then released into the air, in a process called photosynthesis.

Almost all living things obtain their food directly or indirectly from the carbohydrates produced by plants. Plants perform another important function in using up carbon dioxide and producing oxygen. Humans and other animals breathe in oxygen and breathe out carbon dioxide. Through photosynthesis, plants are responsible for manufacturing the food we eat and the air we breathe.

Fossil fuels that are found in the Earth's crust can also be attributed to the process of photosynthesis. These fossil fuels are coal, oil, and gas. Photosynthesis produces substances that contain carbon. Hundreds of millions of years ago, the remains of plants were buried in the Earth's crust. Under the Earth's surface, the carbon in these remains gradually converted to coal, oil, and gas.

해석 광합성

녹색 식물은 엽록소라 불리는 색소나 착색 물질을 지니고 있다. 이 색소는 햇빛에서 나오는 에너지를 흡수한다. 엽록소가 흡수한 빛에너지는 화학 에너지로 바뀐다. 식물은 토양에서는 물을 공기에서는 이산화탄소를 얻는다. 식물은 태양 에너지를 이용하여 물과 이산화탄소를 산소와 당, 녹말과 같은 탄수화물로 바꾼다. 탄수화물은 식물의 양분이다. 산소는 공기 중으로 방출된다. 이러한 과정을 광합성이라고 한다.

거의 대부분의 생명체는 직·간접적으로 식물이 생산한 탄수화물에서 먹이를 획득한다. 식물은 또 다른 중요한 기능으로 이산화탄소를 소비하여 산소를 만든다. 인간과 다른 동물들은 산소를 마시고 이산화탄소를 내뿜는다. 식물은 광합성을 통해 우리가 먹는 식량과 숨쉬는 공기를 만들어 낸다.

현재 지각 속에서 발견되는 화석 연료 또한 광합성 작용의 산물이라고 볼 수 있다. 이 화석 연료는 석탄, 석유 그리고 가스이다. 광합성은 탄소를 함유한 물질을 생산한다. 수억 년 전 식물의 잔재가 지각 속에 묻혔다. 이 잔재들 속의 탄소는 지표면 아래에서 아주 천천히 석탄, 석유 그리고 가스로 변화한다.

어휘

chlorophyll 엽록소 pigment 색소, 안료 carbohydrate 탄수화물 photosynthesis 광합성(光合成) convert 바꾸다; 화학 변화시키다

Reading Material 14 Correction (교정)

A major interest of criminologists is correction: what should be done with the criminal once he has been caught, tried, and convicted. Until well into the 19th century, penalties consisted primarily of public humiliation, beatings or torture, banishment or exile, death, fines, or confiscation of property. Imprisonment as a penalty became common after the 16th century but only for lesser offenses.

Not until the late 19th century did imprisonment become the most common penalty for most crimes. This resulted in great part from the work of criminologists who persuaded society against the uselessness of other punishments. Gradually the purpose of imprisonment began to shift from confinement to attempts to turn prisoners away from the life of crime when they were released. Prisons for young offenders, the first of which was established at Elmira, N.Y. in 1876, were called reformatories. They gave greater emphasis to education for their inmates.

Probably the most significant correctional developments of the late 19th century were probation and parole. Under probation the sentence of a selected convicted criminal is suspended if the criminal promises to behave well, accept some supervision of his life, and meet certain specific requirements. Parole involves conditional release from confinement after part of a sentence has already been served. It is granted only if the prisoner seems to have changed into an honest and trustworthy person.

해석 교정

범죄학자들의 주요 관심사는 교정이다. 교정이란 일단 범인이 검거되어 재판을 받고 유죄판결을 받게 되면 그에게 내려지는 것이다. 19세기까지 형벌은 주로 공개적으로 창피를 당하거나, 구타 혹은 고문, 추방이나 유배, 사형, 벌금, 재산을 몰수당하는 것이었다. 형벌로서의 투옥은 16세기 이후 보편화되었지만 경범죄에만 적용되었다.

19세기 후반이 되어서야 투옥은 비로소 대부분의 범죄에 대한 가장 일반적인 처벌이 되었다. 이것은 다른 형벌이 쓸모없다는 점을 들어 사회를 설득시켰던 범죄학자들의 연구가 상당 부분 원인으로 작용했다. 점차

적으로 투옥은 감금에서 범인이 석방될 때 범죄의 생활에서 벗어나게 하려는 시도로 그 목적이 바뀌기 시작했다. 1876년 뉴욕 주 엘미라에 처음 설립된 나이 어린 범죄자들을 수감하는 교도소를 소년원으로 부르게 되었다. 소년원은 수감자의 교육을 더욱 중요시 여겼다.

19세기 후반 교정에 있어서 가장 획기적인 발전은 아마도 집행유예와 가석방일 것이다. 범인이 처신을 잘하고, 자신의 생활을 감독하는 것을 받아들이고, 어떤 구체적인 요구사항을 따르겠다고 약속하면, 집행유예 기간 동안 선발된 유죄 판결을 받은 범인의 처벌은 잠시 보류된다. 가석방은 처벌이 부분적으로 이미 시행되고 난 후 조건적으로 감금상태에서 풀어주는 것을 말한다. 수감자가 정직하고 신뢰할 만한 사람으로 변했다고 여겨질 경우에만 가석방이 허락된다.

> **어휘**

a major interest of criminologists 범죄학자들의 주요 관심사 correction 교정 public humiliation 공개적인 모욕 confiscation of property 재산의 몰수 imprisonment as a penalty 형벌로서의 투옥 lesser offenses 경범죄 prisons for young offenders 나이 어린 범죄자를 수감하는 형무소 education for their inmates 수감자들의 교육 probation and parole 집행유예와 가석방 the sentence of a selected convicted criminal 선발된 유죄 판결을 받은 범인의 처벌 conditional release from confinement 조건적으로 감금상태에서 풀어주는 것

Reading Material 15 Communication (의사소통)

Apes, chimpanzees, and dolphins seem capable of communicating with one another; however, their communication systems are very simple. They cannot communicate about abstract concepts and ideas or "talk" about objects that are not in their immediate environment. Their communication apparatus is limited to simple gestures and a very limited range of vocal utterances that vary primarily in pitch and volume. On the other hand, human speech is built up from a variety of units which, loosely speaking, correspond to vowel and consonant sounds. While animal communication systems are genetically inherited, this is not true of human language. At birth, humans are programmed to learn language: the ability to learn is genetically inherited. However, language itself is learned from interaction with individuals in society. If a child were raised in an environment where language was never used, that child would never learn a language. Fortunately children are brought up in a language-rich environment, and they quickly acquire language skills. Social interaction is fundamental to human language. More precisely, our language is socially dependent and conventional. This means that our language is defined and controlled by the community in which we live; speakers within our language community accept a system of rules, called grammar, which governs our language.

해석 의사소통

원숭이, 침팬지, 돌고래는 서로 의사소통을 할 수 있는 것으로 보인다. 하지만 그들의 의사소통체계는 매우 간단하다. 그 동물들은 추상적인 개념과 생각에 관해 의사소통하거나, 그들 주변에서 떨어져 있는 대상에 대해 '이야기'할 수 없다. 그들의 의사전달 도구는 주로 음의 고저와 크기에 따라 달라지는 매우 제한된 범주의 발성과 간단한 몸동작에 국한되어 있다. 반면 인간의 말은 다양한 단위로 형성되는데, 대략적으로 말하자면, 이 단위는 모음과 자음에 해당된다. 동물의 의사소통 체계는 유전되는데 반해, 인간의 언어는 그렇지 않다. 태어날 때 인간은 언어를 학습하도록 프로그램 되어 있다. 즉 학습능력은 유전된다. 그러나 언어 자체는 사회에서 사람들과 상호작용으로 배울 수 있다. 언어가 전혀 쓰이지 않는 환경에서 아이가 성장할 경우 그 아이는 결코 언어를 배우지 못할 것이다. 다행히도 아이들은 언어가 많이 쓰이는 환경에서 자라고 언어 능력을 빠르게 습득한다. 사회적 상호작용은 인간 언어에 있어서 기본이다. 좀더 정확히 말하면, 우리의 언어는 사회 의존적이고 인습적이다. 이것은 우리의 언어가 우리가 살고 있는 사회공동체에 의해 규정되고 통제된다는 것을 의미한다. 우리의 언어공동체 내에서 말하는 사람들은 우리의 언어를 지배하는 문법이라고 일컬어지는 규칙체계를 받아들인다.

어휘

abstract concept 추상적인 개념 immediate environment 근처 immediate 인접한, 바로 옆의 communication apparatus 의사전달 도구 a very limited range of vocal utterances 매우 제한된 범위의 발성 utter 소리를 내다, 말하다 loosely speaking 대략적으로 말하자면 loose 헐거운, 느슨한 genetically inherit 유전되다 is not true of human language 인간의 언어에는 해당되지 않는다 raise (= bring up) 양육하다, 기르다 acquire language skills 언어 기술을 습득하다 acquired 습득한, 후천적인 social interaction 사회적 상호작용 conventional 인습적인, 이미 정해져 있는 convention 관례, 약정 define 규정하다, 정의를 내리다 definition 정의(定義)

Reading Material 16 Women's Movement (여성운동)

During the 1960s and 1970s, the women's movement made considerable progress in elevating public awareness of inequalities between the sexes. A central player in the movement was the National Organization for Women (NOW), which was formed in 1966 by Betty Friedan and other like-minded activists to promote women's rights through legislation. In the late 1960s NOW lobbied for the end of job discrimination and for government-supported childcare services for professional mothers. In 1972 NOW helped to secure support for Title IX of the Education Amendments Act, which required colleges to guarantee equal opportunities for women, and the Equal Rights Amendment, which was passed by Congress but subsequently failed in the ratification process. The organization also sought the legalization of abortion, a goal achieved with the Supreme Court's decision in the Roe vs. Wade case of 1973.

In addition to its political achievements, the women's movement also helped to forge a new sense of identity and shared experiences among women. An important part of this process was the creation of publications specifically for women, such as Ms., a feminist magazine founded in 1970 that provided a forum for women's issues. Other publications, such as the influential book 'Our Bodies, Ourselves', helped many women to feel more comfortable about their bodies and encouraged them to discuss formerly taboo topics such as birth control, lesbianism, and rape. In addition, schools and universities began to offer courses in women's issues; by 1974 nearly 80 institutions offered women's studies programs.

해석 여성운동

1960년대와 1970년대에 여성운동은 남녀간의 성차별에 대해 대중의 인식을 고취시키는데 상당한 진보를 이루었다. 1966년 Betty Friedan과 뜻을 같이하는 동지들이 여성의 권리를 법적으로 향상시키기 위해 결성한 미국여성기구(NOW)는 이 운동의 중심이 되어 활동했다. 1960년대 후반 NOW는 직업에 있어서의 차별을 없애고, 직업이 있는 어머니들을 위한 정부지원 보육사업을 위해 로비활동을 벌였다. 1972년 NOW는 대학이 여성에게도 동등한 기회를 보장해 주도록 요구한 교육법 수정안 제9장과 평등권법 수정안이 지지를 얻을 수 있도록 도왔다. 평등권법 수정안은 의회에서 통과되었지만 결국 비준을 받지는 못했다. NOW는 또한 낙태의 합법화를 모색했는데 1973년 Roe 대 Wade 사건에서 대법원의 판결로 목표를 달성했다.

정치적 성과 외에도 여성운동은 또한 새로운 의미의 정체성을 확립하고 여성들 간에 경험을 공유할 수 있도록 도왔다. 이 과정에서 중요한 부분은 Ms.와 같이 여성만을 위한 새로운 출판물이 발행된 것이었다. Ms.는 페미니스트 잡지로 1970년에 창간되어 여성문제에 관한 토론의 장을 제공해 주었다. '우리의 몸, 우리 자신'과 같은 영향력 있는 다른 출판물들은 많은 여성들로 하여금 자신의 몸에 대하여 좀더 편안함을 느낄 수 있게끔 도와주었고, 여성들이 피임이나 동성애, 성폭행 같이 이전에는 금기시 되었던 문제들을 토론하도록 장려했다. 또한 학교와 대학들은 여성문제에 관한 강의를 개설하기 시작했다. 1974년경 80여 개의 교육기관이 여성연구 프로그램을 제공했다.

어휘

inequalities between the sexes 남녀 간의 (성별적인) 불평등 elevate public awareness 일반 대중의 인식을 높이다 like-minded activist 동지, 뜻을 같이하는 활동가 promote women's rights through legislation 법적으로 여성의 권리를 향상시키다 lobbied for the end of job discrimination 직업차별을 없애기 위해 로비활동을 했다 the Equal Rights Amendment 남녀 평등 헌법 수정안 the ratification process 승인과정 the legalization of abortion 낙태의 합법화 forge a new sense of identity 새로운 의미의 정체성을 확립하다 forge (금속이나 철을) 벼리다, (계획을) 안출하다 a forum for women's issues 여성문제에 관한 의견교류의 장

Reading Material 17 Railroad (철도)

Of all the great modern innovations, the railroad may well be the one to which historians have allowed the most dramatic and farreaching influence. No sooner had the first passenger railroads begun operations in England and the United States, around 1830, than the public was seized by what was called, even then, "railroad mania." The new steam machine was as great a source of astonishment then as the computer is today. It could pull more weight faster than people had thought possible; it was mechanically and visually arresting; and it almost immediately began to change common ideas of time, space, and history. The railroad evoked a widely shared sense that an almost magical enhancement of human power was about to take place.

The more historians have learned about the changes caused by the railroad, the less maniac, the more reasonable or at least understandable, that initial mania has come to seem. They remind us that the steam-powered locomotive was the first important innovation in overland transportation since before the time of Julius Caesar, and many economic historians have described the railroad as one of the chief pivots on which the industrial revolution turned. Before large-scale production could be profitable, farmers and manufacturers had to gain access to larger markets. It was the railroad that made it feasible to ship goods long distance over land.

[해석] 철도

현대의 위대한 기술혁신을 모두 통틀어 역사가들이 철도야말로 가장 극적이고 광범위한 영향력을 끼친 것이라고 꼽는 것은 당연하다. 1830년경 미국과 영국에서 여객철도의 운행이 처음으로 시작되자마자 대중들은 그 당시 이른바 "철도 매니아"라는 것에 사로잡혔다. 새로운 증기기계는 오늘날의 컴퓨터만큼이나 그 당시에는 굉장히 경이적인 것이었다. 그 기계는 사람들이 가능하다고 여겼던 것보다 더 무거운 무게를 더 빠르게 끌 수 있어서 기계적으로나 외관상으로나 사람들의 주의를 끌었다. 또 곧바로 시공간과 역사에 대한 일반적인 생각에 변화가 일기 시작했다. 철도의 출현으로 인간이 거의 마법적인 힘을 얻게 되었다는 공감이 널리 생겨났다.

역사가들이 철도가 불러일으킨 변화를 더 많이 알게 될수록, 초기 매니아들은 광적이기 보다는 합리적이었으며 최소한 그들을 이해할 수는 있을 것 같다. 이는 증기기관차가 Julius Caesar 시대 이전부터 육상교통수단의 가장 중요한 기술 혁신이었다는 사실을 일깨워 준다. 그리고 많은 경제 역사가들은 철도를 산업혁명을 주도했던 중심축의 하나로 묘사했다. 대규모 생산으로 소득을 올릴 수 있기 전에 농부와 제조업자는 더 큰 시장으로 접근해야 했다. 철도 덕분에 상품의 육상 장거리 수송이 가능하게 되었다.

어휘

The public was seized by 대중은 ~에 사로잡혔다 visually arresting 시각적으로 주의를 끄는 evoke a widely shared sense 폭넓은 공감대를 형성시켰다 magical enhancement of human power 인간 능력의 엄청난 향상 the steam-powered locomotive 증기기관차 innovation in overland transportation 육상 운송수단의 혁신 the chief pivot 추축(樞軸) gain access to larger markets 더 큰 시장으로 접근할 수 있게 되다 access 접근방법, 접근, 이용 make it feasible to ship goods 상품수송이 가능해지다

Reading Material 18 Evolution (진화)

New biological concepts and theories developed rapidly during the 18th and 19th centuries and challenged many old ideas. In 1859 Charles Darwin published his theory of evolution in a book entitled 'On the Origin of Species by Means of Natural Selection.' The concept of natural selection and evolution revolutionized 19th-century thinking about the relationships between groups of plants and animals. His thoughtful presentation provided a sound biological explanation for the existence of multitudes of different organisms in the world and suggested that they might be related to one another. To support his ideas Darwin used examples from geology, domestic animals, cultivated plants, and from his personal observations of the wealth of biological variability and similarity that can be found among living creatures. Although genetics and the mechanisms of inheritance were unknown during Darwin's time, he noted that certain life forms are more likely to survive than others. This concept of natural selection provided, for the first time, a universal explanation for the variations observed in nature. He made a powerful case that new species can be formed—and others become extinct—by a gradual process of change and adaptation made possible by this natural variability. Darwin's ideas influenced the field of biology more than any other concept.

해석 진화

새로운 생물학적 개념과 이론들은 18세기와 19세기 동안에 급속도로 발전하여 이전의 많은 사상에 이의를 제기했다. 1859년 Charles Darwin은 "자연 선택에 의한 종의 기원에 관하여"라는 제목의 책에서 자신의 진화론을 발표했다. 자연 선택과 진화의 개념은 식물과 동물군 사이의 관계에 대한 19세기의 사상에 일대 변혁을 일으켰다. 그의 신중한 발표로 세계에 많은 다양한 유기체의 존재에 대해 생물학적으로 타당한 설명

이 가능해졌고, 유기체들이 서로 연관되어 있을 수 있다는 가능성이 제시되었다. 자신의 사상을 뒷받침하기 위해 Darwin은 지질학, 가축, 경작물 및 생물에서 찾거나, 또 생물체에서 발견할 수 있는 풍부한 생물학적 다양성과 유사성을 개인적으로 관찰하여 얻은 것을 예로 들었다. 유전학과 유전의 메커니즘이 Darwin의 시대에는 밝혀지지 않았지만, Darwin은 특정 생명체가 다른 생명체보다 더 오래 살 가능성이 높다는데 주목했다. 이 자연 선택의 개념은 최초로 자연에서 관찰할 수 있는 변이(變異)를 보편적으로 설명해주었다. 이러한 자연적 변이로 가능해진 점진적인 변화와 적응의 과정에 힘입어 Darwin은 새로운 종(種)이 생겨나고, 다른 종이 멸종할 수 있다는 강력한 사례를 제시했다. Darwin의 사상은 다른 어떤 사상보다 생물학계에 큰 영향을 끼쳤다.

어휘

theory of evolution 진화론 Origin of Species 종의 기원 natural selection 자연 선택 a sound biological explanation 생물학적으로 타당성 있는 설명 multitudes of different organisms 많은 다양한 유기체 genetics and the mechanisms of inheritance 유전학과 유전의 메커니즘 genetic 유전의, 유전자(학)의, 기원의 gene 유전자 become extinct 멸종하다 extinction 멸종, 소멸

Reading Material 19 Aquaculture (양식)

The growing of plants and animals on land for food and products is agriculture. Raising animals and plants in the water is aquaculture. In animal aquaculture much effort has gone into controlling the breeding process. Some fish, such as trout, are easily bred in captivity. Eggs are squeezed from the female and fertilized. Once hatched, immature fish are raised in tanks or ponds. Carp and catfish, which do not breed easily in captivity, are caught in the wild while young and then raised to maturity by aquaculturists. In Indonesia, for example, when the rice paddies are idle during the time between harvest and planting, farmers may buy young carp and fatten them in the paddies. Mussels are raised in France by a process that involves hanging ropes over natural mussel beds in the ocean. The immature mussels, called spats, float after hatching and attach themselves to the ropes. The spatcovered ropes are next wound around large stakes in the sea. Similar methods are used to raise oysters in many parts of the world.

Aquaculturists keep their animals captive by such means as ponds, tanks, and underwater enclosures. In some areas fish are artificially bred, released into the wild, and then recaptured as adults. This is done in enclosed areas such as the Caspian Sea, where sturgeon are raised for their flesh and their eggs.

해석 양식

식물과 동물을 식용으로 또는 다른 제품을 만들기 위해 땅에서 기르는 것을 농업이라 한다. 물에서 동물과 식물을 기르는 것은 양식이다. 동물 양식에서는 번식과정을 관리하는데 많은 노력이 든다. 송어와 같은 물고기는 양식지에서 쉽게 번식한다. 암컷에서 알을 짜내어 수정시킨다. 부화되면 다 자라지 못한 물고기는 탱크나 연못에서 길러진다. 양식지에서 쉽게 번식하지 못하는 잉어와 메기는 새끼 때 야생 상태로 잡혀와서 양식업자에 의해 다 자랄 때까지 길러진다. 예를 들어 인도네시아에서는 추수기와 파종기 사이인 농한기 때 농부들이 새끼 잉어를 사와서 논에서 키운다. 홍합은 바다에 있는 자연 홍합 양식장 위에 밧줄을 거는 방식으로 프랑스에서 양식된다. 새끼 굴이라 불리는 어린 홍합은 부화된 후 떠다니다 밧줄에 붙는다. 그 다음에 새끼 굴로 뒤덮인 밧줄을 바다에 있는 큰 막대기에 감는다. 세계 각지에서 굴을 양식할 때 유사한 방법을 사용한다.

양식업자들은 연못이나 탱크, 수중 울타리 같은 곳에 동물들을 가둔다. 어떤 지역에서는 물고기를 인공적으로 부화시키고 야생으로 방사한 후, 완전히 자라면 다시 포획한다. 이것은 카스피해와 같이 사방이 바다로 둘러싸인 지역에서 행해지는데, 이곳에서는 고기와 알을 얻기 위해서 철갑상어가 길러진다.

어휘

aquaculture (어개(魚介)류, 해조류의) 양식 culture 양식, 재배, 경작 the breeding process 번식과정 breed 번식시키다, 번식하다 easily bred in captivity 양식장에서 쉽게 번식되다 captivity 포로, 감금상태 fertilize 수정시키다 fertilizer 비료 fertile (땅이) 기름진, 비옥한 The rice paddies are idle 논을 사용하지 않다 idle 사용되지 않는 float after hatching 부화된 후에 떠있다 artificially bred 인공부화되다

Reading Material 20 Digital Computer (디지털 컴퓨터)

A digital computer typically consists of a control unit, an arithmetic-logic unit, a memory unit, and input/output units. The arithmetic-logic unit (ALU) performs simple addition, subtraction, multiplication, division, and logic operations, such as OR and AND. The main computer memory, usually high-speed randomaccess memory (RAM), stores instructions and data. The control unit fetches data and instructions from memory and effects the operations of the ALU. The control unit and ALU usually are referred to as a processor, or central processing unit (CPU). The operational speed of the CPU primarily determines the speed of the computer as a whole. The basic operation of the CPU is analogous to a computation carried out by a person using an arithmetic calculator. The control unit corresponds to the human brain and the memory to a notebook that stores the program, initial data, and intermediate and final computational results. In the case of an electronic computer, the CPU and fast memories are realized with transistor circuits.

I/O units, or devices, are commonly referred to as computer peripherals and consist of input units (such as keyboards and optical scanners) for feeding instructions and data into the computer and output units (such as printers and monitors) for displaying results. In addition to RAM, a computer usually contains some slower, but larger and permanent, secondary memory storage. Almost all computers contain a magnetic storage device known as a hard disk, as well as a disk drive to read from or write to removable magnetic media known as floppy disks

[해석] 디지털 컴퓨터

디지털 컴퓨터는 일반적으로 제어 장치, 산술 논리 장치, 기억 장치, 입출력 장치로 구성되어 있다. 산술 논리 장치(ALU)는 간단한 가감승제와 OR과 AND와 같이 논리적 작업을 수행한다. 보통 고속 임의 추출 기억 장치(RAM)인 메인 컴퓨터 메모리는 명령어와 데이터를 저장한다. 제어장치는 데이터와 명령어를 메모리에서 불러와 ALU의 연산을 수행한다. 제어장치와 ALU는 보통 프로세서 또는 중앙처리장치(CPU)라고 불린다. CPU의 처리속도는 주로 컴퓨터의 전체 처리 속도를 결정한다. 중앙 처리 장치의 기본작업은 사람이 계산기를 사용하여 계산하는 것과 유사하다. 제어 장치는 인간의 두뇌에 해당되고 메모리는 프로그램과 초기 데이터, 중간 및 최종 계산결과를 저장하는 노트에 해당된다. 전자 컴퓨터의 경우에 CPU와 고속 메모리는 트랜지스터 회로로 실현 가능하다.

입출력 장치나 장비는 일반적으로 컴퓨터 주변 장치로 일컬어지고, 키보드, 광 스캐너와 같이 명령어와 자료를 컴퓨터에 공급하는 입력 장치와 프린터, 모니터와 같이 결과를 화면에 표시하는 출력 장치로 구성되어 있다. RAM 외에도 컴퓨터는 보통 좀 더 느리지만 더 크고 영구적인 부속 메모리 저장장치를 내장하고 있다. 거의 모든 컴퓨터가 디스크 드라이브뿐만 아니라 하드 디스크로 알려진 자기 저장 장치를 내장하고 있어서 플로피 디스크로 알려진 분리성 자기매체를 읽어 들이거나 쓸 수 있다.

[어휘]

a digital computer 디지털 컴퓨터 digital 숫자를 사용하는, 디지털 방식의 ↔ analog 아날로그식의 an arithmetic-logic unit 산술 논리 장치 high-speed random-access memory 고속 임의 추출 기억 장치 analogous to a computation 계산과 비슷하다 analogous 유사한, 닮은 transistor circuit 트랜지스터 회로 referred to as computer peripherals 컴퓨터 주변 장치로 불린다 refer to~as...: ~을 …로 부르다 a magnetic storage device 자기기억장치

Reading Material 21 Four Seasons (사계절)

Latitudinal variations in the input of solar energy are due to two factors. First, the earth is a sphere, and the angle at which the sun's rays hit its surface varies from 90° (or vertical) near the equator to 0° (or horizontal) near the poles. Less energy is received at the poles because the same amount of radiation is spread out over a much larger area at high latitudes and because at high latitudes the sun's rays must travel through a much greater thickness of atmosphere, where more absorption and reflection occur.

The second factor affecting latitudinal variations in heating is the duration of daylight. Because the polar axis of the earth is tilted at an angle of 23.5° with respect to the ecliptic, we have a progression of seasons where the angle of the sun's rays striking any given point varies over the year. In the Northern Hemisphere winter, no sunlight strikes the area around the North Pole during a full day's rotation of the earth because it is in the earth's shadow. Thus, little or no solar heating occurs in this area at this time. Conversely, at the South Pole there is continual daylight, but at a very low sun angle, during the Northern Hemisphere winter. As the seasons shift, the South Polar region eventually becomes plunged into 24-hour darkness, just as the North Pole had been earlier. Low-latitude regions near the equator, by contrast, undergo little seasonal change in the duration of daylight, whereas intermediate latitudes are subjected to changes intermediate between those of the poles and the equator. Thus, because of seasonality, more annual radiation is received per unit area at lower as compared to higher latitudes.

해석 사계절

태양에너지 투입 시 위도 변화는 두 가지 요인 때문에 일어난다. 첫째, 지구는 구(球)형이다. 그래서 태양 광선이 지구 표면에 닿는 각도는 적도 부근에서는 90°(또는 수직)에서 극지방 근처에서는 0°(또는 수평)까지 다양하다. 극지방에서 에너지를 적게 받는 이유는 같은 양의 복사가 위도상 높은 지방에서는 훨씬 넓은 지역에 걸쳐 이루어지고, 또 위도상 높은 지방에서는 태양광선이 훨씬 더 두꺼운 대기층을 통과하면서 더 많이 흡수되고 반사되기 때문이다.

태양열에 있어서 위도 변화에 영향을 끼치는 두 번째 요인은 일조 시간이다. 지구의 극축은 황도에 대하여 23.5° 기울어져 있기 때문에 특정 지점에 도달하는 태양 광선의 각도는 한 해에 걸쳐 계절마다 변화된다. 겨울에 북반구는 지구의 그림자 내에 있기 때문에 지구가 자전하는 동안 하루 종일 태양 광선이 전혀 북극 주변 지역에 도달하지 않는다. 따라서 이 때에 이 지역에서는 태양열이 거의 또는 조금도 발생하지 않는다. 반대로 남극에서는 일광이 지속되지만, 북반구는 겨울을 지내는 동안 태양 각도가 아주 낮아진다. 계절이 변함에 따라 북극이 이미 그랬던 것처럼 남극 지역도 결국 24시간 암흑상태에 들어가게 된다. 대조적으로 적도 부근에 위도가 낮은 지역에서는 계절에 따른 일조 시간의 변화가 거의 없는 반면에 중간 위도의 지역에서는 극지방과 적도의 일조시간의 중간상 변화를 겪는다. 따라서 계절적 변화로 인해 위도가 높은 지역과 비교할 때 위도가 낮은 지역에서 단위 면적 당 연간 복사열을 더 많이 받는다.

> **어휘**
>
> latitudinal variations 위도의 변화 the duration of daylight 일조 시간 the polar axis of the earth 지구의 극축 tilted at an angle of 23.5° with respect to the ecliptic 황도에 대하여 23.5° 기울어져 있다 the Northern Hemisphere winter 북반구의 겨울 during a full day's rotation of the earth 지구가 하루에 자전하는 동안 as the seasons shift 계절의 변화에 따라 the South Polar region 남극 지역 low-latitude regions near the equator 적도 부근의 위도가 낮은 지역 undergo little seasonal change 계절적 변화가 거의 일어나지 않는다 annual radiation 연간 복사량 per unit area 단위 면적 당

Reading Material 22 Oil and Gas (석유와 천연가스)

Oil and gas are primarily mixtures of compounds of carbon and hydrogen, known as hydrocarbons. They are formed as part of a natural cycle which begins with deposits of plant and animal remains and fine sediment. Trapped over millions of years, often deep beneath the ocean, this organic matter is transformed by the combined effect of temperature and pressure into oil and natural gas.

The formation of oil and gas deposits, or reservoirs, occurs when these hydrocarbons migrate upward through the rock layers towards the surface. These hydrocarbons often escape to the surface where they may form natural oil seeps or, in the case of gas, simply dissipate. Any hydrocarbons remaining on the surface are soon oxidized by bacteria. Sometimes oil and gas are trapped in deep underground structures which prevent them reaching the surface. They may be trapped underneath curved layers of rock called anticlines, or by faults in the rock. Faults occur when layers of rock split and move, such as in an earthquake or during normal seismic events. The term reservoir can be misleading, giving people the impression of large subterranean lakes full of oil. In fact, oil and gas are trapped within porous sedimentary rocks such as sandstone or shale and may occupy as little as five percent of the rock volume.

[해석] **석유와 천연가스**

석유와 가스에는 탄화수소로 알려진 탄소와 수소 혼합물이 주로 섞여 있다. 석유와 천연가스는 동식물의 잔해와 미세한 퇴적물이 침전하면서 시작되는 자연 순환의 일환으로 생성된다. 수백만 년 이상 주로 바다 밑 깊은 곳에 갇힌 채로 이 유기체는 온도와 압력의 복합 효과로 석유와 천연가스로 변환된다.

석유나 천연가스의 침전 혹은 축적은 이 탄화수소가 암석층을 통과하여 표면 위쪽으로 이동할 때 형성된다. 이 탄화수소는 종종 표면으로 빠져나가 천연 석유가 새어 나오거나 가스의 경우 그냥 소멸되기도 한다. 표면에 남아있는 탄화수소는 곧 박테리아에 의해서 산화된다. 석유와 가스는 때로 지하 깊은 곳에 갇혀서 표면에 올라오지 못하는 경우가 있다. 석유와 가스는 배사층이라 불리는 구부러진 암사층 밑이나 암석의 단층 옆에 갇혀 있을 수 있다. 단층은 지진이 일어날 때나 정상적인 지진성 활동이 진행되는 동안 암석층이 쪼개지거나 이동할 때 발생한다. 저장고라는 용어는 석유로 가득 찬 거대한 지하 호수라는 인상을 줄 수 있어 사람들에게 오해의 소지가 있다. 실제로 석유와 가스는 사암이나 혈암처럼 구멍이 뚫린 퇴적암 내부에 들어 있고, 암석 부피의 5% 정도만 차지하고 있다.

[어휘]

compounds of carbon and hydrogen 탄소와 수소의 화합물 hydrocarbon 탄화수소 deposits of plant and animal remains 동식물 잔해의 퇴적물 fine sediment 미세한 퇴적물 organic matter 유기체 oxidized by bacteria 박테리아에 의해 산화되다 curved layers of rock 구부러진 암석층 faults in the rock 암석의 단층 seismic events 지진 활동 reservoir 저장고 misleading 오해를 불러일으키는 subterranean lakes 지하에 있는 호수 porous sedimentary rocks 작은 구멍이 많은 퇴적암 porous 작은 구멍이 많은, 투과성의

Reading Material 23 Obesity (비만)

In a society in which obesity is the principal nutritional disease, one easily forgets the horrible things that lack of food and drink can do to the human body. Yet obesity itself is merely a form of hunger in disguise. The specter of overweight stalks some of us the way starvation stalks others. That is because we humans have long developed the ability both to eat and to overeat. The stomach bears witness. Though it is a small muscular sac when empty, it readily expands to take in several pounds of food at a time; bulky meals of 10,000 or more calories pose no mechanical or physiological problems.

Healthy people who have endured considerable weight loss over a number of months as a result of food deprivation can eat in great volume. After volunteers in a famous laboratory hunger study returned to eating freely, their daily consumption rose to 10,000 calories.

Yet, no matter how hungry at the outset, human beings do not ordinarily continue to stuff themselves so resolutely that they swell to gigantic proportions. We have an almost irresistible urge to eat, but we also have at least some built-in controls that reduce our appetite for food and that limit the accumulation of excess fat.

[해석] 비만

비만이 영양과 관련한 주요 질병인 사회에서 우리는 먹고 마시는 것의 결핍이 인체에 끼치는 끔찍한 경우들을 쉽게 잊는다. 그러나 비만 그 자체는 단지 가장된 배고픔의 다른 형태일 뿐이다. 굶주림이 다른 사람들에게 엄습하는 것처럼 체중과다의 공포는 우리들 중 몇몇에게 엄습한다. 그 이유는 우리 인간들은 오랫동안 먹고 과식하는 능력을 발전시켜 왔기 때문이다. 위가 그 증거를 보여준다. 위는 공복 시에는 작은 근육낭에 불과하지만 한번에 몇 파운드의 음식을 받을 수 있도록 쉽게 확대된다. 그래서 1만 칼로리 이상 과식을 해도 물리적이거나 생리적인 문제를 전혀 일으키지 않는다.

음식을 먹지 못하고 몇 달에 걸쳐 상당한 체중 감소를 견뎌낸 건강한 사람들은 많은 양을 먹을 수 있다. 한 유명한 실험실에서 배고픔 연구에 참가한 지원자들이 마음대로 먹을 수 있게 되자 그들의 일일 식사량은 다시 1만 칼로리로 증가했다.

아무리 처음에 배가 고플지라도 사람은 거대한 크기로 팽창하도록 계속해서 먹지 않는다. 우리는 먹는 것에 대해 거의 피할 수 없는 충동을 가지고 있지만 또한 식욕을 줄이고 과도한 지방의 축적을 제한할 수 있는 최소한의 통제 능력 또한 타고났다.

어휘

obesity 비만 nutritional disease 영양상의 질병 hunger in disguise 가장된 배고픔 disguise 변장(시키다), 가장(시키다) the specter of overweight 비만이라는 공포 bear witness 설명하다, ~의 증거가 되다 bulky meals 양이 많은 식사 pose no mechanical or physiological problems 물리적으로나 생리적으로 아무런 문제가 생기지 않는다 irresistible urge 억누를 수 없는 충동 built-in controls 타고난 통제력 reduce one's appetite 식욕을 줄이다 the accumulation of excess fat 과도한 지방의 축적

Reading Material 24 Sports Medicine (운동 의학)

Sports medicine encompasses four areas: preparation of the athlete, prevention of injury or illness, diagnosis and treatment of injury, and rehabilitation. Physical preparation involves a program of conditioning exercises designed to develop certain muscle groups and to increase cardiac output and oxygen intake. Mental preparation focuses on building self-image, maintaining motivation and discipline to train regularly, avoiding undue risks, and learning to accept whatever changes in lifestyle may be necessary. Mental preparation also helps athletes to handle the psychological stress associated with the risk of injury or illness. Practitioners of sports medicine advise manufacturers on the development of equipment that enhances performance and promotes the health and safety of athletes. Athletic shoes, for instance, are continually improved to boost athletes' speed and endurance while providing comfort and protection from injury. New materials make sportswear more comfortable and protective and can increase performance by decreasing friction and resistance.

Nutrition is a critical aspect of sports medicine. The wrong diet can seriously impair an athlete's performance and health. Nutritional counseling by trained professionals can ensure that athletes have what they need in terms of nutrient adequacy, energy requirements, protein and carbohydrate distribution, timing of meals, and fluid intake. In the late 20th century, increasing attention was given to athletes' use of so-called performance-enhancing drugs such as amphetamines and anabolic steroids. Today, practitioners of sports medicine must be prepared to advise athletes about the serious health risks associated with such drug use.

[해석] 운동 의학

운동 의학은 4가지 영역을 포함하는데, 선수의 준비 운동, 부상이나 질병의 예방, 부상의 진단과 치료, 재활이 그것이다. 신체 준비 운동에는 특정 근육을 발달시키고 심장 박동량과 산소 섭취량을 향상시키기 위해 고안된 조절 운동 프로그램이 포함되어 있다. 정신적 준비는 자기 이미지를 확립하고, 규칙적인 훈련에 대한 동기와 기강을 유지하며, 과도한 위험을 피하는 동시에 생활 양식에 변화가 필요할 수 있다는 것을 인정하는 법을 배우는데 중점을 둔다. 정신적 준비는 또한 선수들이 부상과 질병의 위험과 관련된 심리적인 스트레스에 대처할 수 있도록 돕는다. 운동 의학 전문가는 제조업자들에게 운동 성과를 높이고 선수의 건강과 안전을 향상시킬 수 있는 기구를 개발하도록 조언한다. 예를 들면 선수용 신발은 편안함을 주고 부상으로부터 보호해 주는 동시에 선수들의 속력과 지구력을 높일 수 있도록 끊임없이 개선된다. 새로운 소재를 사용하면 운동복이 더욱 편안해지고 보호 기능도 생긴다. 또 마찰과 저항력을 줄임으로써 운동 성과도 높일 수 있다.

영양은 운동 의학에 있어서 중요하다. 잘못된 식사법은 선수의 운동 성과와 건강을 심각하게 해를 끼칠 수 있다. 실제로 숙련된 전문가로부터 영양 상담을 받으면 운동선수들은 적절한 영양, 에너지 요구물, 단백질과 탄수화물의 분배, 식사시간, 그리고 음료수의 섭취 측면에서 그들이 필요한 것을 확실히 섭취할 수 있다. 20세기 후반에 암페타민과 근육 증감제와 같이 운동 능력 강화제로 불리는 약을 선수들이 복용하는데 점점 관심이 생겨났다. 오늘날, 운동 의학 전문가들은 선수들에게 그러한 약물 사용으로 인해 건강이 심각한 위험에 처할 수 있다는 것을 조언해 줄 준비가 되어 있어야 한다.

[어휘]

encompass four areas 4가지 영역을 포함하다 increase cardiac output and oxygen intake 심장 박동량과 산소 흡입량을 향상시키다 intake 섭취(량) enhance performance 성과를 높이다 promote the health 건강을 증진하다 boost athletes' speed and endurance 선수의 속도와 지구력을 올리다 boost 밀어올리다, 인상하다, 올리다 decrease friction and resistance 마찰과 저항을 감소시키다 Nutrition is a critical aspect. 영양은 중요한 측면이다. seriously impair an athlete's performance 선수의 성과를 매우 떨어뜨리다 impair 약하게 하다, 손상시키다, 해치다

Reading Material 25 Human Aggression (인간의 공격성)

To write about human aggression is a difficult task because the term is used in so many different senses. Aggression is one of those words which everyone knows, but which is nevertheless hard to define. One difficulty is that there is no clear dividing line between those forms of aggression which we all deplore and those which we must not disown if we are to survive. When a child rebels against authority, it is being aggressive; but it is also manifesting a drive towards independence which is a necessary and valuable part of growing up. The desire for power has, in extreme form, disastrous aspects which we all acknowledge; but the drive to conquer difficulties, or to gain mastery over the external world, underlies the greatest of human achievements.

The aggressive part of human nature is not only a necessary safeguard against savage attack. It is also the basis of intellectual achievement, of the attainment of independence, and even of that proper pride which enables a man to hold his head high amongst his fellows. Without the aggressive, active side of his nature man would be even less able than he is to direct the course of his life or to influence the world around him. In fact, it is obvious that man could never have attained his present dominance, nor even have survived as a species, unless he possessed a large amount of inborn aggressiveness.

해석 인간의 공격성

인간의 공격성에 대해 기술하는 것은 어려운 일이다. 왜냐하면 그 말은 너무나 다양한 의미로 쓰이기 때문이다. 공격성은 모든 사람이 알고 있는 단어 중 하나임에도 불구하고 정의 내리기가 어렵다. 우리가 생존하고자 하는 경우에 한 가지 어려운 점은 우리 모두가 비난하는 것과 단절해서는 안 되는 공격 양상들 사이에 명확한 구분선이 없다는 것이다. 어린이가 권위에 반항할 때, 그것은 공격적인 것이다. 그러나 이는 또한 성장의 필수적이고도 가치 있는 부분인 독립에 대한 욕구를 표명하는 것이다. 극단적인 형태의 권력욕에는 우리 모두가 인정하는 비참한 측면이 있다. 그렇지만 어려움을 극복하거나 또는 외부세계에 행사할 지배력을 얻고자 하는 욕구는 가장 위대한 인간 업적의 근간이 된다.

인간 본성에서 공격적인 부분은 잔인한 습격에 대한 필수 보호수단일 뿐만 아니라, 지적인 성취를 이루거나, 독립을 달성하고 심지어 동료들 사이에서 머리를 높게 쳐들 만큼 적당한 자존심을 지키는데 근간이 된다. 인간 본성의 적극적인 면인 공격성이 없다면 인간은 자신의 삶을 이끌거나 주변 세계에 영향을 끼칠 수 없을 것이다. 실제로 인간에게 타고난 공격성이 많지 않았다면, 인간은 지금과 같이 우월한 위치에 있지 못했을 것이고, 심지어는 하나의 종족으로서 살아남지도 못했을 것이다.

어휘

human aggression 인간의 공격성 a difficult task 어려운 일 rebels against authority 권위에 반항하다 manifest a drive towards independence 독립하고자 하는 욕구를 분명히 드러내다 the desire for power 권력욕 disastrous aspects 비참한 측면 the drive to conquer difficulties 어려움을 정복하고자 하는 욕구 a necessary safeguard against savage attack 잔인한 습격에 대한 필수보호 수단 survive as a species 하나의 종으로서 살아남다 inborn aggressiveness 타고난 공격성 inborn 타고난, 선천적인, 선천성의(= natural, innate, native)

독해 실전문제 따라잡기

※ **Read the following and answer the questions.**

Happiness is not, (   ) in very rare cases, something that drops into the mouth, like a ripe fruit, by the mere operation of fortunate circumstances. For in a world so full of avoidable and disavoidable misfortunes, of illness and psychological tangles, of struggle and poverty and ill will, the man or woman who is to be happy must find ways of coping with multitudinous causes of unhappiness by which each individual is assailed.

1. Choose the most appropriate word for the blank.
   ① or
   ② except
   ③ though
   ④ however

2. According to the passage, what should we do to be happy?
   ① We must enjoy ripe fruits.
   ② We must avoid misfortunes.
   ③ We must look for ways to handle different causes of unhappiness.
   ④ We must be assailed by various causes of unhappiness.

전문해석

행복은, 매우 드문 경우를 제외하고는 단지 운 좋은 상황들이 작용하여 다 익은 과일처럼 입속으로 떨어져 들어가는 것이 아니다. 왜냐하면 피할 수 있거나 피할 수 없는 불운, 질병과 심리적 다툼, 투쟁과 가난과 악의로 가득찬 세상에서는 행복해지고자 하는 사람은 각 개인이 시달리고 있는 수많은 불행의 원인을 극복할 방법을 찾아야 하기 때문이다.

어구

rare 드문, 진기한 ripe 익은, 노련한 operation 작용, 운전, 실시 fortunate 운이 좋은, 행운의 circumstance 사정, 상황, 환경 misfortune 불운, 불행 psychological 심리학의, 심리적인 tangle 얽힘, 혼란, 싸움 struggle 몸부림, 노력, 싸움 ill will 악의 cope with 대처하다, 극복하다, 처리하다 multitudinous 다수의, 수많은 assail 맹렬히 공격하다, 몰아세우다, 괴롭히다, 시달리게 하다

정답 및 해설

1. ② 2. ③

1. 문장 논리상 "~을 제외하고는, ~외에는"의 의미가 적합하다.
2. 바로 다음의 ~must find ways of coping with multitudinous causes of unhappiness 참조.
① 우리는 다 익은 과일을 즐겨야 한다.
② 우리는 불행을 피해야 한다.
③ 우리는 불행의 다양한 원인들을 다루는 방법을 찾아야 한다.
④ 우리는 불행의 다양한 원인들에 의해 시달려야 한다.

There are at least four things which are more or less under our own control and which are essential (A) happiness. The first is some moral standard by which to guide our actions. The second is some satisfactory home life in the form of good relations with family or friends. The third is some form of work which justifies our existence to our own country and makes us good citizens. The fourth thing is some degree of leisure and the use of it in some way that makes us happy. <u>To succeed in making a good use of our leisure will not compensate (B) failure in any one of the other three things to which I have referred</u>, but a reasonable amount of leisure and a good use of it is an important contribution to a happy life.

3. 빈칸 (A)에 알맞은 말을 넣으시오.

4. 이 글에서 말하는 행복의 요건 네 가지를 우리말로 간단히 쓰시오.

5. 빈칸 (B)에 알맞은 말을 넣으시오.

6. 밑줄 친 부분 (To succeed~referred)을 우리말로 번역하시오.

전문해석

우리 자신의 통제 하에 있으면서 행복에 필수적인 것이 적어도 네 가지가 있다. 첫 번째는 우리 행동의 지침이 될 어떤 도덕적 기준이다. 두 번째는 가족이나 친구와 함께하는 좋은 관계 형태의 만족스러운 가정생활이다. 세 번째는 우리 자신의 나라에 대해 우리 존재의 정당성을 증명해 주고 우리를 선량한 시민으로 만들어 주는 어떤 형태의 일이다. 네 번째는 어느 정도의 여가 생활과 그 여가가 우리를 행복하게 만들도록 이용하는 것이다. 우리의 여가를 성공적으로 선용하는 것이 내가 말한 다른 세 가지 중 그 어느 것에서의 실패도 보상해 주지는 못할 것이다. 그러나 적당한 양의 여가와 이를 잘 활용하는 것은 행복한 삶에 중요한 도움이 되는 것이다.

◐ 어구

at least 적어도, 하다못해 more or less 다소(= somewhat) under control 통제되고 있는 essential 필수적인 moral 도덕적인 satisfactory 만족스러운, 충분한 in the form of ~라는 형태의 justify 옳다고 하다, 정당화하다, 증명하다 existence 존재, 생활 succeed in ~에 성공하다 compensate 갚다, 보상하다 refer to 언급하다 reasonable 사리를 아는, 적당한, 이치에 맞는 contribution 기부, 공헌

◐ 정답 및 해설

> 3. to
> 4. 행동의 지침이 될 도덕적 기준, 만족스런 가정생활, 어떤 형태의 일, 어느 정도의 여가 선용
> 5. for
> 6. 우리의 여가를 성공적으로 선용하는 것이 내가 말한 다른 세 가지 중 어느 것에서의 실패도 보상해 주지는 못할 것이다.

3. essential to: ~에 필수적인, ~에 가장 중요한
4. some moral standard; some satisfactory home life; some form of work; some degree of leisure and a good use of it.
5. compensate for: ~를 보상하다

> The population of the world has increased more in modern times than in all other ages of history combined. World population totaled about 500 million in 1650. It doubled in the period from 1650~1850. Today the population is more than five billion. Estimates based on research by the United Nations indicate that it will more than double in the next fifty years, reaching ten billion by the year 2050.

7. By 1850, approximately what was the world population?
① 500 million
② Five billion
③ One billion
④ Seven billion

8. According to this passage, by the year 2050 the earth's population should exceed the present figure by _____.
① 500 million
② five billion
③ three billion
④ seven billion

전문해석
세계 인구는 역사상 다른 모든 시대를 합친 기간 보다도 현대에 들어 더 많이 증가했다. 세계 인구는 1650년에 총계가 약 5억이었다. 그것은 1650년에서 1850년까지 배로 늘어났다. 오늘날 인구는 50억이 넘는다. 유엔의 조사 연구에 기초한 평가에 따르면 인구는 앞으로 50년 후에 배 이상으로 늘어 2050년까지는 100억에 달할 것이다.

어구
modern times 현대 combined 합쳐진 total 총수[총액]가 ~이다 double 두 배로 하다, 배로 늘다 billion 10억 estimate 평가, 견적, 산정 based on ~에 바탕[근거]를 두다 research (학술) 연구, 조사 indicate 가리키다, 나타내다 reach ~에 달하다

◆ 정답 및 해설

> 7. ③ 8. ②

7. 1850년에는 세계 인구는 대략 얼마였는가?
   → 둘째, 셋째 문장 참조. 1650년에 5억이었고 1850년에는 그 배가 되었다고 했으므로 10억이 맞다.
      approximately: 대략, 대체로 million: 100만
8. 이 글에 따르면, 2050년까지 세계 인구는 지금의 숫자보다 얼마나 더 늘 것인가?
   → 마지막 두 문장 참조. 현재가 50억이고 2050년에는 100억이므로 50억이 더 늘어나는 셈이다.

Prejudice means literally prejudgment, the rejection of a contention out of hand before examining the evidence. Prejudice is the result of powerful emotions, not of sound reasoning. If we wish to find out the truth of a matter, we must approach the question with as nearly open a mind as we can and with a deep awareness of our own limitations and predispositions. On the other hand, if after carefully and openly examining the evidence we reject the preposition, that is not prejudice. It might be called "post-judice." It is certainly a prerequisite for knowledge.

---

9. With what subject is the passage mainly concerned?
   ① Judgments
   ② Limitations
   ③ Evidence
   ④ Knowledge

10. According to the passage, prejudice is caused by _____.
   ① wisdom
   ② sound reasoning
   ③ feelings
   ④ past experiences

11. The author implies that everyone's judgment is sometimes affected by _____.

① competition
② ill health
③ legal considerations
④ partiality

12. "On the other hand", as it is used in the fourth sentence, could best be replaced by which of the following words?

① Additionally
② But
③ Therefore
④ Supposedly

13. Which of the following maxims best applies to the situation described in the passage?

① Words are the gate way to knowledge.
② It takes one to know one.
③ Never judge a book by its cover.
④ Still waters run deep.

전문해석

선입견은 글자 뜻대로 미리 판단하는 것 즉, 증거도 찾아보기 전에 즉석에서 논쟁을 거부하는 것을 의미한다. 선입견은 논거의 결과가 아니라 격한 감정의 산물이다. 우리가 어떤 일의 진실을 알아내길 원한다면, 우리는 가능한 열린 마음으로 그리고 우리 자신의 한계와 성향에 대한 깊은 인식을 갖고 그 문제에 접근해야만 한다. 반면에, 만약 우리가 증거를 신중히 그리고 터놓고 조사해 본 후 사전 제시된 것을 거부한다면 그것은 선입견이 아니다. 그것은 아마 "post-judice(후입견)"이라 불릴 것이다. 그것은 분명히 지식[지적 추구]의 선행 조건이 된다.

어구

prejudice 편견, 선입견 literally 글자 뜻대로, 사실상 prejudgment 미리 판단하는 것 rejection 거절, 각하 contention 말다툼, 논쟁, 싸움 out of hand 당장, 즉석에서, 힘에 부치어 evidence 증거, 흔적 find out 발견하다, ~임을 알아내다 as~as one can 가능한 한, 될 수 있는 대로 predisposition

경향, 성질 preposition 앞에 둔 것, 전치사 on the other hand 다른 한편, 그 반면, 이에 반해서 prerequisite 필요조건, 선행 조건

정답 및 해설

> 9. ① 10. ③ 11. ④ 12. ② 13. ③

9. 이 글은 선입견 즉 "미리 판단하는 것"에 대해 비판하는 글이다.
   ① 판단(력) ② 제한 ③ 증거 ④ 지식

10. 둘째 문장 Prejudice is the result of powerful emotions~ 이하 참조.

11. 넷째 문장 If we wish to find out~ 이하 참조.
    ① 경쟁 ② 나쁜 건강상태 ③ 법적 고려 ④ 편파, 불공정

12. on the other hand: 다른 한편, 그 반면, 이에 반해서
    ① 게다가, 부가적으로 ② 그러나 ③ 그러므로 ④ 생각하건데, 아마도

13. maxim: 격언, 금언
    ① 말은 지식에 이르는 길이다.
    ② 하나를 얻는 것은 하나를 아는 것이다.
    ③ 표지로 책을 판단하지 말라.
    ④ 조용한 물은 깊이 흐른다.

※ **Read the following and answer the questions.**

> Convention would seem to possess two main real advantages, one primarily individual, the other social. The first lies in the fact that, in prescribing within narrow limits what has to be done, said, or worn, it saves us from the mental effort of thinking or deciding for ourselves and provides us, so to speak, with a number of formulae for use on suitable occasions. In this it is like habit, but of course it shares with habit the disadvantage that it may lead us to behave in ways that, with changing circumstances, may have ceased to be appropriate to (가) _____. ㉠ The second, social, advantage of convention consists in helping to preserve the solidarity of the groups or classes concerned. ㉡ Our judgement as to its value in this last respect will largely depend upon how far we consider the retention of such groups and classes is desirable. ㉢ Those who demand a classless society will rightly look upon many of our conventions with a certain suspicion. ㉣ In any case, however, conventions imply rules and (나) _____ (we can indeed without serious inaccuracy call them taboos) which are usually arbitrary and often in themselves absurd. The frequently pilloried convention of New York men to change from one kind of hat to another on a certain date, regardless of the weather, falls into this category.

1. 윗 글을 두 개의 단락으로 나눌 때 두 번째 단락이 시작되는 곳은?

① ㉠   ② ㉡
③ ㉢   ④ ㉣

2. 윗 글에서 암시되지 않은 것은?

① Conventions keep class harriers erected.
② Conventions often make us act without dignity.
③ Conventions strengthen existing communities.
④ Conventions can help a man form acquaintances.

3. (가)에 들어갈 가장 알맞은 것은?
   ① the past
   ② our habits
   ③ modern times
   ④ habitual actions

4. (나)에 들어갈 가장 알맞은 것은?
   ① restrictions
   ② disciplines
   ③ permits
   ④ bureaucracies

전문해석

관습은 두 개의 주요한 실제적인 이점을 갖고 있는 것 같다. 즉 하나는 주로 개인적이고 다른 하나는 사회적이다. 첫 번째는 무엇을 해야 하고, 말해야 하며, 입어야 하는지를 규정할 때, 그것은 우리가 스스로 사고하고 결정하는 정신적 노력으로부터 구해 주고, 말하자면 적당한 경우에 사용할 많은 공식들을 우리에게 제공한다. 이점에 있어서 그것은 습관과 같으나 물론 그것은 습관과 더불어 어쩌면 환경이 변함에 따라 이미 더 이상 (가) 현대에 적합하지 않은 방식으로 우리를 행동하게 하는 불리함을 갖고 있다. 두 번째 사회적 관습의 이점은 관련된 집단과 계층들의 응집성을 보존하는 것을 돕는데 있다. 이점에 있어서 그것의 가치에 관한 우리 판단은 그러한 집단과 계층의 유지가 얼마만큼 바람직하다고 여기는가에 달려 있다. 계층 없는 사회를 요구하는 사람들은 당연히 우리의 많은 관습들을 어떤 의심의 눈초리로 바라보고 있다. 그러나 어떤 경우이든 관습은 규칙과 (나) 제약(우리는 실로 중대한 오류없이 그것들을 금기라고 부른다)을 함축하고 있는데 그것들은 대개 자의적이고 그 자체는 종종 터무니없는 것들이다. 날씨에 관계없이 특정한 날에 한 종류의 모자에서 다른 종류의 모자로 바꿔 쓰는 뉴욕 사람들을 웃음거리로 만드는 관습이 이런 범주에 속한다.

어구

convention 집회, 협약, 관습 primarily 첫째로, 우선, 주로 lie in ~에 있다(= consist in), ~에 모이다 prescribe 명령하다, 규정하다, 처방하다 within limits 적당하게 narrow 한정된, 편협한, 가까스로, 정밀한 provide A with B: A에게 B를 제공[공급]하다 so to speak 말하자면(= as it were) formula 판에 박힌 말, 공식, 방식 (pl.) formulae occasion 경우, 특별한 일, 기회 behave 행동하다, 움직이다, 작용하다 circumstances 환경, 처지, 상황 cease 그만두다, 중지하다, 그치다 appropriate 적당한, 어울리는, 특유한 consist in ~에 존재하다, ~에 있다 solidarity 연대, 결속, 단결, 일치 as to ~에 관하여 in this respect 이점에 있어서 respect 존경, 존중, 점(= point), 관계 retention 보류, 보유, 유지 desirable 바람직한, 매력적인 rightly 마땅히, 당연히, 바르게 look upon 관찰하다, 고려하다 suspicion 혐의, 의심, 느낌 indeed 참으로, 실(제)로 inaccuracy 부정확, 잘못 taboo 터부, 금기, 꺼림 arbitrary 제멋대로인, 마음대로인, 독단적인 absurd 불합리한, 어리석은 pillory 웃음거리로 만들다 regardless of ~을 개의치 않고, ~에 상관없이 fall into ~이 되다, ~에 빠지다, ~하기 시작하다

정답 및 해설

1. ① **2.** ② **3.** ③ **4.** ①

1. 이 글은 관습의 두 가지 이점에 관한 얘기이므로 첫 번째 이점에 관한 부분과 두 번째 이점에 관한 부분으로 나눌 수 있다.
2. ① 관습은 계층 이탈자들을 바로 서게 한다.
    harrier: 약탈자, 침략자, 괴롭히는 사람 erect: 직립시키다, 세우다, 승진시키다
   ② 관습은 종종 우리가 품위 없게 행동하도록 한다.
    dignity: 존엄, 위엄, 품위 *관습이 우리의 행동을 제약하기는 하나 품위 없게 행동하도록 하지는 않는다.
   ③ 관습은 현재의 공동체를 강화시킨다. strengthen: 강하게[튼튼하게] 하다
   ④ 관습은 친분을 형성하는데 도움을 준다. acquaintance: 알고 있음, 면식, 아는 사이
3. 전문번역 참조. habitual: 습관적인, 끊임없는, 상습적인
4. ① restriction: 제한, 제약, 구속, 속박
   ② discipline: 훈련, 자제, 기율, 징벌
   ③ permit: 허가(증), 면허
   ④ bureaucracy: 관료 (정치, 주의), 번잡한 절차

When you come to college you are intellectually very young and have not yet learned to proceed safely or efficiently under your own intellectual power. You are what your environment and your elders have made you. Your ideas are not your own. The first thing you must learn is to stand on your own ideas. This is why you should not take us and our ideas too seriously. Broaden your horizon so that as you become more and more able to take care of yourself you will move intelligently. Do considerable mental visiting in your first years in college. Try to encounter the major points of view represented on the faculty and among the students. Entertain them the more seriously the more they differ from your own. You may return to your own, but if you do it will be with greater tolerance and broader understanding.

5. The main idea of the above passage is _____.

① a balance and harmony of college life

② a new method of entertainment in college

③ a different way to be intelligent in college

④ how to stand on our own ideas in college

6. We can infer from the passage that _____.

① a lot of reading is necessary in the first years in college

② we have to keep up with the faculty members' points of view different from ours

③ we don't have to follow the ideas from the seniors in college

④ we must be socially minded when we come to college

전문해석

당신이 대학에 들어왔다고 하더라도 지적으로 아직 미숙하고, 당신의 지적 능력으로 안전하거나 효율적으로 나아가는 법을 깨우치지는 못했다. 당신은 주변의 환경과 손윗사람들이 이룩한 산물이다. 당신의 생각은 당신 자신의 것이 아니다. 당신이 배워야 할 첫 번째 일은 자신의 생각으로 홀로서는 것이다. 이것이 당신이 우리와 우리의 생각을 너무 심각하게 받아들이지 말라는 이유이다. 자신을 점점 더 잘 관리할 수 있게 됨에 따라 지적으로 행동할 수 있도록 당신의 지평을 넓혀라. 대학 1학년 때 상당한 양의 정신적 탐구 활동을 하라. 학부의 교수진과 다른 학생들 사이에 제시된 주요 견해들과 부딪혀 보라. 그것들을 심각하게 마음에 두면 둘수록 당신의 견해와 다를 것이다. (그럴 때) 당신은 당신의 견해로 되돌아가도 좋으나, 그렇게 한다면 그것은 더 큰 인내와 폭넓은 이해를 가진 것이 될 것이다.

어구

intellectually 지적으로, 지적인 **proceed** 나아가다, 시작하다, 속행하다 **safely** 안전하게, 무사하게 **efficiently** 능률적으로, 유효하게 **stand on** ~위에 서다, ~을 바탕으로 하다, ~을 굳게 하다 **seriously** 진지하게, 중하게, 심하게 **considerable** 중요한, 적지 않는, 상당한 **encounter** 만나다, 마주치다, 충돌하다 **represent** 재현하다, 나타내다, 대표하다 **faculty** 학부의 교수단, 능력, 재능, 수완 **entertain** 마음에 간직하다, 환대하다 **the** 비교급 **the** 비교급...: ~하면 할수록 더욱더…하다 **differ from** ~와 다르다 **tolerance** 관용, 아량, 참음

정답 및 해설

> **5.** ④ **6.** ①

5. 이 글의 요지는 "대학에서 자신의 생각으로 홀로 서는 방법"에 대해 이야기하고 있다.

   The first thing you must learn is to stand on your own ideas. 참조.

6. 이 글에서는 "대학 1학년에 많은 독서가 필요함"을 알 수 있다.

   Do considerable mental visiting in your first years in college.에서 considerable mental visiting의 기초는 독서이다.

The value of philosophy is to be sought largely in its very uncertainty. He who has no tincture of philosophy goes through life imprisoned in the prejudices derived from common sense, from the habitual beliefs of his age or his nation, and from convictions that have grown up in his mind without the cooperation or consent of his deliberate reason. As soon as we begin to philosophize, on the contrary, we find that even the most everyday things lead to problems to which only very incomplete answers can be given. Philosophy, though unable to tell us with certainty what is the true answer to the doubts that it raises, is able to suggest many possibilities that enlarge our thoughts and free them from the tyranny of custom.

7. A person who does not allow philosophy to help shape his life lacks _____.

① convictions based on prejudices
② ability to think about the social issues of his time
③ beliefs of his age as reflected in the principles of his nation
④ opinions arrived at by his independent thinking

8. Philosophy allows us to _____.

① question our doubts in the terms of our certainties
② examine man's efforts through the ages
③ follow the true thinking of our leader
④ have faith in our own ability to think

9. This selection lacks _____.

① generalizations
② abstract terms
③ specific examples
④ a summarizing sentence

10. Philosophy has uncertainty because _____.

① it deals with complex problems

② it questions accepted beliefs

③ it strikes out for new solutions

④ its concern is inquiry and not solutions

11. The tone of the passage is best termed _____.

① scornful

② meditative

③ amused

④ impassioned

전문해석

철학의 가치는 대체로 바로 그 불확실성에서 찾아볼 수 있다. 철학적인 면이 전혀 없는 사람은 상식이나, 자기 시대나 국가의 인습적인 믿음, 그리고 자신의 사려 깊은 판단력의 협력이나 동의 없이 자신의 마음속에서 자라난 신념에서 비롯되는 여러 가지 편견에 갇힌 채 인생을 살아간다. 이에 반하여, 철학적으로 사색하기 시작하자마자, 우리는 가장 일상적인 평범한 일들조차도 단지 매우 불완전한 답만을 해줄 수 있는 문제들을 초래한다는 것을 알게 된다. 철학은 비록 그것이 제기하는 의문에 대해 무엇이 진정한 답인지를 확실히 우리에게 말해 줄 수는 없지만, 우리의 사고의 폭을 넓혀 주고 우리의 사고를 관습의 폭정에서 벗어나는 많은 가능성들을 제시할 수 있다.

어구

value 가치, 유용성 **uncertainty** 불확실성 **tincture** 색조, 냄새, 약간 ~한 점 **go through** 경험하다, 완료하다 **imprisoned in** ~에 갇힌 채, ~에 파묻혀 **prejudice** 편견, 선입관 **derived from** ~에서 파생된, 비롯된 *둘째 문장은 derived from A, from B, and from C의 구문으로 모두 prejudices에 걸린다. **common sense** 상식 **habitual** 습관적인, 상습적인, 타고난 **conviction** 확신, 신념 **consent** 동의 **deliberate** 신중한 **reason** 이성, 판단력, 분별력 **philosophize** 철학[이론]적으로 설명하다, 사색하다 **on the contrary** 이에 반하여, 그러하기는커녕 **everyday** 일상적인, 평범한 **lead to** ~를 초래하다 **with certainty** 확실히 **enlarge** 확대시키다, 폭을 넓혀 주다 **free A from B**: A를 B로부터 자유롭게 하다, 구하다 **tyranny** 폭정, 학대

◉ 정답 및 해설

> 7. ④ 8. ② 9. ③ 10. ② 11. ②

7. 철학으로 자신의 인생을 형성해 가지 않는 사람은 무엇이 결여되어 있는가? *둘째 문장 참조.
   ① 편견에 기초한 확신
   ② 동시대의 사회적 문제에 대해 생각할 수 있는 능력
   ③ 국가의 제(諸)원리에 반영된 바와 같은 자기 시대의 신념
   ④ 자신의 독자적인 사고로 얻어낸 견해

8. 철학은 우리가 무엇을 하도록 허용하는가?
   ① 우리의 확실한 관점에서 우리의 의문점들을 문제시하게 한다.
   ② 여러 시대에 걸친 인간 노력의 결과들을 조사하게 한다.
   ③ 우리 지도자의 진실한 사고를 따르게 한다.
   ④ 우리 자신의 사고 능력을 확신케 한다.

   * As soon as we begin to philosophize~이하 참조.

9. 이 발췌문은 무엇이 결여되어 있는가?
   ① 일반화 ② 추상적 용어들 ③ 구체적인 보기 ④ 요약한 문장

10. 철학은 왜 불확실성을 띠고 있는가?
    ① 복잡한 문제들을 다루기 때문에
    ② 일반적으로 용인된 믿음에 의문을 제기하기 때문에
    ③ 새로운 해결책을 찾아 힘차게 나아가기 때문에
    ④ 철학의 관심사가 탐구와 해결책이므로

11. 이 글의 어조는?
    ① 경멸적이다 ② 명상적이다 ③ 재미있다 ④ 감동적이다

Are you getting the most from your newspaper? You aren't unless you can read and understand news stories. News stories may be interesting. You may enjoy reading them. But their real purpose is to inform. Their purpose is to inform readers about things and events that are new. They tell a reader what's new in his city, state, country, or world.

In order to inform readers about new events, news stories must tell facts. There is a difference between fact and opinion. Facts tell what happened. Opinions tell what the writer thinks about what happened. News stories are not supposed to tell facts.

News stories are usually in the first part of a newspaper. The most important news stories are on the front page. The front page story at the top right side is the most important story of the day.

12. The main point of the article is _____.
① how a news story is prepared
② what the purpose of a news story is
③ what the content, purpose and location of a news story are
④ what part a newspaper has
⑤ how we are to read newspapers

13. The story at the top right side of the front page of a newspaper is the most important _____.
① feature story
② editorial
③ news story
④ the writer's opinion
⑤ interesting stories

14. The purpose of news stories in a newspaper is to _____.

① be interesting to readers
② enjoy reading them
③ simply inform readers of what's going on
④ read things and events
⑤ inform readers about new events which happened daily

⊙ 전문해석

당신은 신문을 최대한 활용하고 있는가? 만약 당신이 뉴스 기사를 읽고 이해할 수 없다면 그렇지 않은 것이다. 뉴스 기사는 흥미로울 수 있다. 기사를 읽는 것을 즐길 수도 있다. 그러나 신문의 진정한 목적은 정보를 제공하는 것이다. 신문의 목적은 새로운 사건이나 정세에 대하여 독자들에게 정보를 제공하는 것이다. 신문은 독자에게 그가 살고 있는 도시, 국가, 지방 또는 세계에서 새로운 것이 무엇인지를 말해 준다.

독자들에게 새로운 사건들에 대한 정보를 제공하기 위하여, 뉴스 기사는 사실을 말해야 한다. 사실과 의견 사이에는 차이가 있다. 사실은 어떤 일이 일어났나를 말한다. 의견은 일어난 일에 대하여 작가가 어떻게 생각 하나를 말한다. 뉴스 기사는 글을 쓰는 사람의 의견을 말해서는 안 된다. 뉴스 기사는 사실을 말해야 한다.

뉴스 기사는 대개 신문의 첫 부분에 있다. 가장 중요한 뉴스 기사는 첫 부분(1면)에 있다. 제일 앞면의 우측 상단에 있는 것이 그날의 가장 중요한 기사이다.

⊙ 어구

most 최대량[수], 최대한, 대부분 inform 알리다, 알려주다, 통지하다 fact 사실 difference between A and B: A와 B의 차이 be supposed to ~해야 한다 front page 첫 부분, 앞 페이지

⊙ 정답 및 해설

> 12. ③ 13. ③ 14. ⑤

12. 이 글의 주안점은 "뉴스 기사의 내용, 목적, 위치"가 무엇인지를 알려주는 글이다.

13. 신문의 앞 면(1면) 오른쪽 상단에 있는 기사가 가장 중요한 "뉴스 기사"이다.
   *마지막 두 문장 참조.

14. 신문에서 뉴스 기사의 목적은 "독자들에게 매일 일어나는 새로운 사건에 관한 정보를 제공하는 것"이다.
   *~to inform readers about things and events that 참조.